BIBLIOTECA

PILAR SORDO

OÍDOS SORDOS

Un llamado a escuchar las señales del cuerpo y encontrar la verdadera salud

PILAR SORDO

OÍDOS SORDOS

Un llamado a escuchar las señales del cuerpo
y encontrar la verdadera salud

OCEANO

Diseño de portada: Estudio Sagahón / Leonel Sagahón
Fotografía de la autora: © Marisa Bonzon

OÍDOS SORDOS
Un llamado a escuchar las señales del cuerpo y encontrar la verdadera salud

Eugenio Sue 55, Col. Polanco Chapultepec
Del. Miguel Hidalgo, C.P. 11560, México, D.F.
Tel. (55) 9178 5100 • info@oceano.com.mx

Primera edición en Océano: abril, 2016

ISBN: 978-607-735-958-6

Impreso en México / Printed in Mexico

A mis padres: a mi papá, por transitar por la invitación que hace el cáncer a crecer, y a mi mamá, por su compañía infatigable en ese viaje. Sin duda, un ejemplo.

Los amo por el camino recorrido, y porque soy lo que soy gracias a ustedes y a lo que pudieron darme.

Índice

INTRODUCCIÓN

La enfermedad es un llamado del alma

Me resulta muy extraño estar escribiendo un nuevo libro. De hecho, si bien seguía investigando temas que la gente me pedía, no estaba en mis planes meterme de lleno en otro proyecto literario. Tengo seis libros, y aunque a los hijos se les ama a todos por igual, llegado este momento siempre me planteo la duda de si habrá espacio en mi corazón para querer a otro más. Además, estos seis son niños muy bien portados, por lo que pensar en uno nuevo me da terror y significa para mí un tremendo desafío.

Sin embargo, las sincronías de la vida y las causalidades me llevan, por distintas razones, a revisar ciertos temas que estaban pendientes. Cada investigación que desarrollo se va ganando un espacio propio en mi corazón y en mi caminar como ser humano. Llevaba mucho tiempo estudiando temas como el silencio, la salud en los países de América Latina y la conexión de las enfermedades con el mundo emocional, y de repente me toca a mí experimentar un episodio que coincidía con lo que estaba viendo en los talleres, de los que por primera vez yo formaba parte activa y, al igual que mucha gente, estaba viviendo lo que —irónicamente— estaba estudiando desde lo intelectual; al final, la vida es una gran paradoja.

Me había enfermado y no me di cuenta. Una de las muchas cosas que hago mal es que no sé reconocer las claves intermedias del cansancio. Como amo y me apasiona lo que hago, nunca he interpretado el esfuerzo que esto me significa como algo agotador; por lo tanto, sólo me doy cuenta de que estoy cansada cuando colapso, cuando ya no me puedo parar de la cama. Y a esto hay que sumarle que, cuando uno se ha formado de manera optimista para resistir los dolores de la vida, configura una personalidad que, de tan positiva, implica una estructura que es como prima hermana de la negación y, por lo tanto, uno no toma contacto con las vulnerabilidades de la vida y mucho menos con el cuerpo y las emociones.

Creo que esto que les cuento es algo que vive la gran mayoría de la gente que, por amor a lo que hace, por sobrevivir o por poca conciencia, no escucha a su cuerpo y, mucho menos, a su mundo emocional.

Mis síntomas fueron muchos y los fui viendo uno a uno, sin entender que el cuerpo me estaba dando señales de un conjunto de cosas al que yo presenté oídos sordos. Sí, el título de este libro parte desde una autocrítica muy seria. Desde esta misma vereda pienso que otros títulos hubieran sido igual de apropiados: *Yo, la peor de todas* o *No hay peor sordo...* Y con esto no me quiero victimizar; muy por el contrario, me quiero hacer cargo de un proceso que no vi, que no escuché y que al tratarlo muy honestamente en los talleres, descubrí que hacía mucha resonancia en un montón de gente que estaba en lo mismo y que hablaba de sus síntomas corporales, de su cansancio, su estrés y una serie de claves que vemos de manera aislada y, lo que es peor, sin ninguna traducción emocional que implique encontrarle un sentido o un *para qué* a eso que nos está pasando.

Es importante aclarar que, independientemente de que no nos demos cuenta de lo que nos pasa y de los significados que esto tiene, la medicina actual no ayuda en nada en esa visión integradora que necesitamos para comprender de manera global lo que se entiende por salud. La medicina está hoy tan fragmentada e hiperespecializada que los médicos nos ven como órganos independientes más que como seres integrales. Según mi experiencia, recuerdo que fui viendo todos mis síntomas de uno en uno: derrames en los ojos, arritmias, problemas hormonales, alergias que nunca había tenido, retención exagerada de líquidos, etcétera. Fui a todos los especialistas y cada uno de ellos me revisó el órgano dañado sin mirarme en la globalidad. Gracias a Dios, hay también muchos médicos que enfocan sus energías en entender al ser humano de esa manera, y en mi camino apareció una doctora que me vio como un ser completo.

Lo primero que esta mujer hizo fue preguntarme cómo estaba mi vida en general, a lo que respondí enumerándole todos los síntomas que me aquejaban con una ingenuidad casi infantil. Acto seguido me examinó y me dijo preocupada que presentaba signos de un desbalance hormonal y metabólico, asociado claramente a un agotamiento mental, lo que antiguamente se conocía como *surmenage*. En resumen, me reventé, por un estrés que venía acumulando desde hacía cinco años y que no fui capaz de identificar en el camino que me llevó a esta crisis. Si bien hice oídos sordos a lo que me estaba pasando y no me di cuenta de que todo formaba parte de algo más complejo que tenía que ver con el autocuidado y, al final, con el lugar desde donde estaba construyendo mi autoestima y la forma de mirarme a mí misma, esta enfermedad es una de las cosas más importantes que me han pasado en la vida. Como con todos los grandes dolores, se ordenan las prioridades, se comienza un viaje hacia lo interno y lo que surge después es muy distinto a lo que había antes. Más aún, es mejor, más profundo, más libre y con más conciencia de la vulnerabilidad y de la maravilla de la imperfección en la toma de la cotidiana decisión de ser feliz.

Esta experiencia personal resonó en muchísimas personas cercanas e integrantes de los talleres que me han acompañado en tantas aventuras. Y desde ahí empecé a transitar por este camino que incorpora lo que estaba investigando sobre el silencio y el estrés, y que termina por conformar este libro que los invita hacia un viaje al interior, hacia la salud de verdad, hacia el entender que el cuerpo grita lo que uno no dice o no quiere escuchar.

Este libro habla de las negaciones, del estar cada vez más conectados pero más incomunicados; del estrés, sí, pero del de esta época, ése que refleja un sistema de vida que difícilmente vamos a cambiar, pero que nos da la oportunidad de un espacio de libre elección, que debiera ser lo más grande posible para poder entender que las enfermedades comunican más del alma que del mismo cuerpo.

Además de todo esto, es un viaje hacia una revisión de la medicina actual y de la esperanza que da la medicina complementaria a este camino de entender y aprovechar los mensajes del cuerpo.

Es romper un velo que, entre la locura del día, el sobrevivir, la congestión y las deudas, entre otras muchas cosas, nos lleva a hacer oídos sordos a nosotros mismos.

Ojalá que este camino nos conduzca a todos —partiendo por mí— hacia un espacio de mayor conciencia, de mayor salud y plenitud. Que nos ayude a ser mejores personas.

Ojalá que este libro sea el despertar a un mirar nuevo y más profundo y un llamado a escuchar las señales del cuerpo que, al final, son las del alma.

CAPÍTULO 1

Entrenamiento cotidiano para no escucharnos

Es muy temprano y suena el despertador —manera antinatural de despertar— y nuestro cuerpo debe salir de la cama para comenzar un día, que más parece la preparación para una guerra que una nueva oportunidad de ser felices haciendo un homenaje por estar vivos.

Una vez que suena el despertador, ¿a quién no le ha pasado decir "cinco minutitos más"? Es tan angustiante esa decisión que, como tenemos miedo de quedarnos dormidos, no dormimos, no descansamos, y, más aún, sabemos que iniciaremos el día apurados y atrasados. Nos llenamos de tensión y nuestro día empieza mal: si me iba a lavar el pelo, no me lo lavo; si iba a tomarme el tiempo para elegir el atuendo que me quedara mejor, saco lo primero que encuentro; si alcanzo, tomo el desayuno corriendo sin disfrutar nada y alimentándome mal, enfrentándome al día sin darle tiempo al cuerpo para que se dé cuenta de que ésta puede ser una gran jornada. Y así, todas las cosas que iban en mi beneficio terminan estando en mi contra por no haberme levantado cuando debí hacerlo.

En cuanto abrimos un ojo, la gran mayoría enciende voluntariamente algún aparato tecnológico —al que llamo el Dios del siglo XXI o el Dios Pantalla que, al igual que la santísima trinidad, tiene sus tres dimensiones: la televisión, el celular y la computadora—, sólo para recibir malas noticias y situaciones que nos alarman. Me pregunto por qué libre y voluntariamente empezamos el día así y no tranquilamente, por ejemplo, poniendo la música que más nos gusta. No tengo dudas de que saldríamos cantando de nuestras casas y nuestra disposición hacia el día sería distinta. Si lo hiciéramos, probablemente, le "avisaríamos al cuerpo" que hemos despertado y que nos espera una linda y desconocida aventura por vivir. No olvidemos que despertar es estar vivos y ése es un motivo para celebrar y agradecer; si no lo hiciéramos, estaríamos muertos.

Y así continúa nuestro día: la gran mayoría de la población hispanoamericana comienza una peregrinación en medios de transporte deficientes para llegar a sus trabajos o escuelas, lo que hace que ese trayecto sea muy largo. Ya sea en autos particulares o en transporte público, nuestra mañana ya viene cargada de mucha tensión, y hasta este momento muy pocos le han preguntado al cuerpo o al alma cómo amanecieron y cómo se sienten hoy.

El día avanza enfrentando muchas presiones, llamadas, correos electrónicos que hay que contestar de manera urgente, al igual que los mensajes de texto y de WhatsApp; corremos para todo, casi siempre comemos mal, vivimos en ciudades cada vez más ruidosas y contaminadas, nos malhumoramos con facilidad, todo lo cual claramente altera la expresión de nuestras emociones y la conexión con nuestro cuerpo, sin que esto pase por ningún proceso de reflexión interior.

A esto se le suma la tecnología que nos tiene conectados con todo el planeta, pero con la terrible paradoja de estar cada vez menos comunicados con los demás y, lo que es más grave, con nosotros mismos. Iré recorriendo este tema con mayor detalle a lo largo del libro, ya que es un factor que si bien puede ser un aporte en nuestras vidas, es un elemento central en la desconexión del cuerpo y de las emociones.

Ya es un tópico afirmar que la tecnología nos hace acercarnos a los que están lejos, pero alejarnos de los que están cerca; basta ver a cualquier grupo de amigos adolescentes que se juntan y están todos conectados a sus teléfonos celulares. Pero quiero ir más allá y relacionar, a propósito de las emociones, que ya no pasan por el cuerpo, sino que se expresan a través de emoticones que sirven para graficar lo que sentimos. Esta herramienta es maravillosa y nos permite un lenguaje nuevo que, para los niños, resulta tan natural como respirar; pero hay que tener cierto cuidado con ella, porque reporta poco de lo que nos está pasando en realidad.

Quizás una de las consecuencias más severas —sobre todo en el aspecto educacional— es que nuestros niños están creciendo desconectados de los matices de la comunicación; como todo está escrito, la interpretación de lo dicho queda a expensas de quien lee. Me siento mal y envío tres caritas tristes que no sé qué significarán para quien las recibe. Son por todos conocidos los casos de suicidios de jóvenes que después de mandar esas caritas esperaron una respuesta emocional de salvación que nunca llegó.

Con esto pareciera que estoy totalmente en contra de la tecnología, pero no es así. La tecnología es un instrumento fantástico que hay que saber cuánto, cómo y dónde usar; por sobre todo, debemos estar conscientes de cuánto nos aleja de los mensajes del cuerpo. Ejemplo clásico de esto es cuando escribimos en un mensaje de texto o de WhatsApp "jajajajajaja", sin siquiera haber esbozado una sonrisa. Famosos también son los "trolls" de internet que se sienten con derecho a decir todo lo que piensan y que, si bien es legítimo que lo hagan, no deben olvidar que la libertad de expresión —a mi entender— debe ir acompañada de la prudencia.

Otro punto que alimenta esta desconexión con el cuerpo son las tremendas desigualdades sociales en las que vivimos, las que no sólo tienen que ver con lo económico, sino con la falta brutal de reconocimiento del trabajo del otro, independientemente de cuál sea. Si nos viéramos más y nos reconociéramos en el aporte que cada uno realiza, esta sensación que genera tanta hostilidad sería, sin duda, mucho menor. Esta desigualdad genera la ilusión de que si trabajamos más y tenemos mejores ingresos seremos más felices y esta brecha disminuirá, lo que nos obliga a trabajar más, para acceder a más cosas que nos han dicho que mejorarán nuestra calidad de vida, algunas de las cuales pongo profundamente en duda. Estamos sobreendeudados y muchas veces no por necesidades básicas, sino sólo para aspirar a un estatus que va asociado al tan anhelado y mal definido éxito.

Palabras cómo *éxito*, *fama*, *logro* y *felicidad* empiezan a desdibujar su sentido original en esta carrera cotidiana, y muchas veces nos llevan a confundirnos y a salirnos de nuestro cuerpo y de nuestras emociones, para ir detrás de algo que está fuera de nosotros.

Terminamos entonces el día como heridos de guerra, quejándonos, usualmente con algún dolor que nos afecta, feos y demacrados, porque, claro, si llegamos arreglados a la casa es como si no hubiéramos hecho nada y no tuviéramos mucho que contar. Pareciera que a través de la tragedia nuestros esfuerzos tuvieran más sentido para nosotros y para nuestros hijos, a quienes les reprochamos que trabajamos "para que ellos tengan lo que necesitan" y que nuestro cansancio los tiene a ellos como motor, tal como arrojó la investigación plasmada en mi libro *No quiero envejecer*.

Este circuito que acabo de describir es el que recorremos diariamente la mayoría de nosotros, sin distinguir entre los que amamos y lo que hacemos. En realidad, en la misma investigación recién mencionada se concluyó que los adultos no la pasamos tan mal en nuestra rutina. El problema viene cuando lo contamos: es ahí donde nuestro discurso se vuelve victimizado y negativo, y, por lo tanto, lo que queda como testimonio es la vivencia de un día poco gratificante, que se incorpora más como una carga que como un privilegio.

Efectivamente, algo pasa cuando contamos lo que hacemos: el relato siempre parte desde lo negativo, independientemente de que lo que hagamos sea remunerado o no, o de cuánto recibamos por nuestro trabajo. Esta victimización nos quita posibilidades de disfrute y agradecimiento y, lo que es peor (en relación con las consecuencias sociales de esta actitud), deja un testimonio negativo en los niños sobre lo que implica ser adulto.

En este camino cotidiano, el cuerpo sólo ha servido para trasladarnos y para movilizar esa tensión que nos oprime, sin poder expresar ninguna emoción. Todo esto es aliñado con una normalización de la violencia que nos hace estar permanentemente inquietos y a la defensiva. Nos hemos convertido en personas enojadas, malhumoradas, poco agradecidas y, sobre todo, poco conectadas con la realidad presente, con la naturaleza y con el cuerpo y nuestras emociones. Tenemos, como dice mi abuela (que hoy tiene noventa y nueve años), todo lo que le hubiera gustado tener a ella durante toda su vida, y eso va desde un hervidor de agua hasta un remedio para el cáncer, en todos los modelos, colores y versiones. Sin embargo, no se nos nota en nuestros rostros. Ella siempre dice que veía reír a carcajadas a más gente de su generación que de la nuestra.

Hace algunos años, por otra investigación, tuve un encuentro con unos talentosos seguidores de los mayas que me planteaban que su gran preocupación con respecto al mundo occidental era que ya no nos hacíamos preguntas de ningún tipo. Actuamos —según ellos, y concuerdo— como en automático, sin detenernos a reflexionar. Pareciera que nos da miedo preguntar por temor a las respuestas y, sobre todo, a lo que tendríamos que hacer con ellas, tomando decisiones que seguramente implicarían un alto costo para nuestro supuesto y frágil equilibrio.

Hemos construido nuestra sociedad desde el miedo. Todo se fundamenta ahí, empezando por nuestro sistema económico, que nos tiene entrenados para no preguntarnos nada mientras consumimos más: más autos, más bienes, más ropa y un sinfín de objetos que probablemente no necesitamos. Vivimos atrapados en una serie de paradigmas que nos dicen que mientras tengamos más cosas estaremos más protegidos frente a estas amenazas que son la vulnerabilidad, la muerte, la enfermedad y la pobreza, entre otras. Por eso la locura de los seguros contra todo: salud, muerte, accidentes, etcétera.

No hay indicios en lo cotidiano de que lo único que de verdad protege de los miedos son los afectos y el cultivo de los vínculos desde que somos pequeños. Nos hemos preocupado tanto por la excelencia académica que se nos olvidó la del alma o de los afectos. Esto no está entre las preocupaciones de la educación, ya sea formal o informal, en nuestros países.

Un aspecto que no me parece menor, y que está tomando protagonismo en nuestra vida cotidiana, es la desconfianza. Cualquiera que esté leyendo este libro estará de acuerdo conmigo en que ésta es una realidad que traspasa fronteras y que nos tiene muy afectados desde lo económico hasta lo afectivo, desde lo público hasta lo privado, a medida que se rompe la credibilidad de las instituciones en general, especialmente las políticas, empresariales y religiosas.

El gran problema de esta desconfianza es que está afectando a las personas y a las redes que armamos cotidianamente. Es algo que me tiene muy preocupada y asustada, y ha sido el centro de muchos talleres y charlas que he dictado en tiempos recientes. La razón de dicha preocupación es que, debajo de este problema de desconfianza, hay otro que tiene grandes consecuencias sociales, educativas y de salud; y es que, cada vez, con mayor frecuencia, hemos dejado de creer en la bondad como valor. Cada día más, ser bueno significa ser "estúpido", "nerd", "ingenuo", etcétera. Ahora de lo que se trata es de ser "astuto". Se desconfía de los buenos y de los positivos, porque ¿cómo puede ser alguien tan bueno o tan positivo?, eso no es normal. En algún momento aparecerá su verdadera cara, porque, seguramente, persigue alguna oculta intención que disfraza de bondad.

Cuando un país —y ya nos está pasando a todos— deja de creer en la bondad, empieza a creer que la astucia es la única forma de sobrevivir. Desde las pautas educativas y familiares, entonces, los padres cambian los cánones de educación y empiezan a decirles a sus hijos cosas como: "No sean buenos, que sufrirán por eso", "Protejan sus pertenencias y sus sentimientos si no quieren salir heridos", "Este mundo es de los vivos y siempre hay que estar alerta". No estoy diciendo que esto no se deba incorporar en la educación de los niños, pero resulta muy triste ver en los talleres cómo los padres hoy educamos para la defensa y no para que nuestros hijos sean seres nobles y desde ahí se preparen para la vida entregando lo mejor de ellos.

El mayor riesgo que conlleva el educar desde la astucia es que se está fomentando la autodefensa y la competitividad; en el fondo, se está educando en la mentira y en el no escuchar ni el cuerpo ni el corazón. Cuando esto ocurre es muy probable que estemos instalando en nuestros hijos las semillas de la corrupción.

Estaba, hace poco, en un aeropuerto de un país hispanoamericano en el que había dos filas para migración: una para los locales del país, muy larga, y otra —en la que estaba yo— para los extranjeros, en la cual había menos gente. De repente, veo que detrás mío se coloca un padre con sus hijos que tenían la nacionalidad del país en cuestión y escucho que la hija adolescente le dice al padre: "Papá, esta fila no nos corresponde, estamos mal aquí", y el papá le contesta como si nada: "Ayyy, para qué ser tan estricto, las reglas están hechas para romperse. La otra fila está muy larga y nos demoraremos mucho más en salir". Dudo que a alguien le resulte extraña esta historia y seguramente —guardando las diferencias— alguna vez la hemos protagonizado. De cualquier manera, esto no lo justifica, y es una conducta incorrecta que, a la larga, puede tener graves consecuencias sociales. Todos somos responsables de lo correctos o incorrectos que son nuestros hijos y nuestros países.

Si en este momento hay alguien leyendo este libro e intenta, como yo, ser una buena persona todos los días (y entendiendo que desde la imperfección humana no siempre se llega a la plenitud a la que nos gustaría llegar), podrá estar de acuerdo conmigo en que intentar ser una buena persona es un trabajo de los más difíciles que se pueden emprender. Es mucho más difícil que estudiar inglés o hacer un posgrado, y sin embargo, casi nadie se siente orgulloso de decirlo. Parece más *cool* decir que uno es "proactivo", que es "inteligente", que es "buen líder" y que tiene muchas especializaciones, que decir "yo intento ser una buena persona". La reacción que eso genera en el resto de la gente probablemente sería una burla o menosprecio, cuando lo que se debería recibir es un elogio.

Es tremendamente difícil proponerse un reto como éste, porque hay que ser conscientes de las emociones propias y ajenas, desarrollar empatía, no hablar mal de nadie, derribar los prejuicios —porque éstos se fundamentan sólo en la ignorancia—, ser generoso, sensible, agradecido, amar a los que nos aman y también a los que no tanto. Esto, si bien parece religioso, tiene más que ver con el desarrollo natural que todo ser humano debiera tener al recibir amor, límites y buenos tratos de niño.

Lamentablemente, estamos muy lejos de que todos nuestros niños crezcan en esas condiciones, y la educación que reciben desde pequeños lleva, a la gran mayoría, a salirse de sí misma para sobrevivir en un medio donde los que parecen ganar son los más fuertes y astutos, y no los más nobles. Si se ha crecido privado de estos factores, la sociedad en su conjunto debiera hacerse cargo de enseñarles y corregirlos para que ese niño o niña tenga las mismas oportunidades de ser una persona buena y un aporte social permanente.

Dentro de toda esta realidad que estoy intentando retratar, hay que hacer una distinción entre los que se enfrentan a su cotidianidad desde la pasión y el amor y los que no. Los que amamos lo que hacemos y nos apasiona hacerlo tenemos poca o ninguna conciencia del cansancio y de las señales que el cuerpo manda para saber cómo cuidarnos. A esto se suma el hecho de que, generalmente, la gente que ha hecho una búsqueda vocacional, y se ha atrevido a correr riesgos mirando hacia dentro, construye, por decisión, una estructura positiva y proactiva para mirar la vida que muchas veces se confunde con la negación, ya que se hace muy difícil tomar contacto con las vulnerabilidades y las fragilidades. Es lo que mi gran amigo, el periodista chileno, Sergio Lagos llamó tan acertadamente "enfermedades de la pasión", para explicar, en primer término, lo que me había pasado a mí, pero que aplica para todos y que, si bien tiene un dejo romántico, no por eso debe prestársele menos atención.

Lo que Sergio planteaba sobre sus propios síntomas era que confiaba en que el "goce sea sanador en sí mismo y reparador de las alteraciones que el cuerpo podría tener". De lo contrario, decía que a los síntomas se añadiría el miedo, con lo cual la situación empeoraba, dándole un mayor espacio a la enfermedad para expresarse.

Parte de nuestra esencia humana es la vulnerabilidad, y es ahí donde encontramos nuestras mayores posibilidades de aprendizaje. Los que aman lo que hacen tienen que estar pendientes de esas vulnerabilidades e ir desarrollando la capacidad de expresión emocional cotidiana para que éstas no se depositen en el cuerpo.

Los que no aman lo que hacen y están desarrollando sus quehaceres sólo desde la sobrevivencia, presentarán más señales corporales de cansancio, lo que les permitirá darle un significado muy claro a esos síntomas que estarán reflejando, con toda claridad, que justamente están haciendo algo que no les gusta hacer. De este modo, la tarea para ellos es la de aminorar —que es parecido a anestesiar— los síntomas, con el fin de continuar dando la batalla. Pocos son los que logran darse cuenta de que el origen de esos síntomas muchas veces no está en el trabajo que realizan, sino en el poco amor que le ponen y la mala mirada que tienen sobre él.

Aquí es fundamental aclarar que en todos los lugares en los que he impartido mis talleres me he encontrado con el error conceptual que hay en torno a la palabra *fortaleza*, que se vincula a la invulnerabilidad. En este contexto, ser "fuerte" frente a la vida significa ser temerario, impenetrable e imperturbable; ser una persona que no da espacio para la expresión de sus emociones, sobre todo de la tristeza, porque eso sigue significando, lamentablemente, debilidad en la estructura de la personalidad.

Paradójicamente, cada vez queda más claro que la fortaleza tiene más que ver con la flexibilidad que con la rigidez, con la contención y con la libertad interior más que con la firmeza para enfrentar las situaciones de la vida. Haciendo una analogía, es lo mismo que pasa con los terremotos y los edificios. Las construcciones antisísmicas son aquellas que, al acompañar el movimiento telúrico, se mueven mucho y, por lo mismo, no se caen. Las rígidas, las que no se mueven, o se mueven poco, tienen altas probabilidades de quebrarse y derrumbarse (quizás de ahí venga esa frase tan absurda, pero tan usada, de que uno se "quiebra" cuando se emociona).

Todo parece indicar que la contención emocional o la no expresión de las emociones que nos habitan es un signo de adaptabilidad frente a las presiones del medio y a lo que diariamente nos toca enfrentar. Otra vez el mensaje hacia el cuerpo es que no podemos comunicarnos como quisiéramos porque nos mostraríamos como desadaptados, poco maduros y con poca capacidad de tolerar frustraciones y situaciones de dolor en la vida.

Es frecuente que nos sintamos muy mal, que estemos enfermos y que igualmente tengamos la obligación de rendir en nuestros deberes como sea. Aquí, preguntarle al cuerpo cómo se siente es casi ridículo, y parece funcionar mejor la negación para enfrentar lo que haya que hacer. Una vez terminada la "obligación", el cuerpo vuelve a manifestarse con toda intensidad. Es la maravilla de la adrenalina que hace que, frente a estados de presión, funcionemos con toda la energía, pero una vez desaparecido el "enemigo", el cuerpo se dé el espacio para expresarse.

Esto en mi vida ha sido una constante; siempre me he autodenominado de "posguerra" frente a las situaciones difíciles. Mientras tengo al deber enfrente, funciono al cien por ciento, sin siquiera sentir el cuerpo o, mejor dicho, sintiéndolo como el mejor de los aliados. Pero cuando el evento pasa, literalmente me tienen que recoger con una cuchara, porque no valgo un centavo y todo el peso del cuerpo y de las emociones caen sobre mí. Esto le ocurre a mucha gente y, sobre todo, a aquellos que necesitan presión para funcionar, y que en la medida en que tienen más cosas para hacer, son más eficientes. Cuando hay tiempo y está todo más relajado se da la paradoja de que dejamos todo para el final, como buscando esa presión y esa adrenalina que nos hace reaccionar.

Esta dinámica probablemente tiene que ver con la forma en que nos han educado desde pequeños, que nos dice que la evaluación está en lo externo, por lo que somos muy malos para autoplanificar y ordenar nuestros tiempos, si no hay algo de fuera que nos obligue a hacerlo. Lo mismo pasa con la evaluación de nuestras conductas que se centran en lo superficial y no en una autoevaluación crítica y provechosa de nuestros comportamientos.

Sería maravilloso que se nos enseñara, desde pequeños, a autoevaluarnos con honestidad con respecto a cuánto estudiamos y qué calificación mereceríamos tener de acuerdo con el esfuerzo realizado. Hoy en día, se estudia por un número o por una categoría más que por el placer de aprender y descubrir al mundo y a nosotros mismos. Esto, sumado al tema del entrenamiento centrado en la astucia y no en la bondad, vuelve a situar el centro educativo hacia lo exterior.

La excelencia del alma y de los afectos es la única que nos podrá garantizar que los niños representen un aporte real para la sociedad en la que viven. Se volvió parte de la carrera hacia el éxito competir y sufrir para que nuestros hijos aprendan habilidades y no técnicas de autoconocimiento. Nuestra educación está centrada en las evaluaciones y mediciones a los alumnos, pero también a los establecimientos y profesores. A modo de señal, vale la pena observar el asqueroso y traumático proceso al que son sometidos los niños desde los tres años para poder ingresar a una institución educativa que ha mostrado buenos resultados.

Capítulo aparte, merece el entrenamiento que los padres y colegios han fomentado en la búsqueda de las vocaciones que se ha ido transformando en la selección de carreras más que de sueños. Lo que parece importar es el camino hacia el éxito económico, en vez de educar para descubrir algo que se ama y entender que es ahí donde se obtendrán los medios para vivir felices.

Estos procesos terminan siendo muchas veces una desorientación vocacional, porque se saca del niño lo que sólo debiera ser buscado dentro de él. Todo parece centrarse en la búsqueda de habilidades y no de talentos, y mucho menos de la vocación que, como su significado plantea, es un llamado que debiera surgir desde el interior, para cuya búsqueda deberían proveerse todas las herramientas y condiciones.

Es tan paradójico todo esto, que nunca, en ninguna parte —porque además debiera ser una tarea de la familia— se educa para la empatía, la tolerancia a la frustración y la expresión de emociones. Resulta que hoy, dentro del mundo laboral y profesional, se contrata por tener habilidades cognitivas y se despide por no tener las mal llamadas “habilidades blandas”, ésas que sólo se aprenden mirando hacia dentro y no hacia las evaluaciones del exterior. Por muchas habilidades técnicas que tenga un joven desde la formación que recibe, nada garantiza que pueda ser buen líder, jefe o emprendedor, o padre de familia. Sin duda, estos aprendizajes salen de otro lado y tienen que ver con la educación de los afectos, independientemente de dónde las obtenga el niño.

Se nos entrena para ser primeros en todo y en un ideal de perfección que no existe. En este ideal, no cumplir con eso que tampoco nadie define —pero que parece que tiene que ver con tener cosas— es una fuente permanente de frustraciones que genera más tensión, desconexión y enfermedades.

Comentario aparte merece el poco espacio que he visto que tienen los padres y tutores en las reformas educativas que se están llevando a cabo en los diferentes países. Personalmente, creo que ellos son los mayores responsables de la calidad humana que tendrán sus hijos. Yo escojo un colegio para que me ayude en una tarea que es mía, no para que el establecimiento la haga por mí. Para esto, además, es necesario devolverle la autoridad —ésa que nosotros mismos les quitamos— a los profesores, para que puedan hacer su trabajo con tranquilidad, recuperando así el sitial importante que deben tener tanto en lo económico como en lo social.

La moral de nuestra educación está centrada —como diría el sicólogo Jean Piaget— en las consecuencias de los actos y no en las intenciones. Esto es lo que ha llevado a nuestros países a construir una moral heterónoma, centrada en el exterior y en el castigo, y no una autónoma, centrada en las intenciones de las conductas. Pésima base para poder escucharnos, ya que la mayor parte del tiempo funcionamos correctamente, sólo para no obtener una sanción.

A esto, hoy hay que agregarle el determinante factor "reality" de nuestra sociedad, en la que todo se puede grabar y ser mostrado, y donde la moral empieza a construirse en los marcos de si fuimos o no vistos cometiendo un ilícito. Aquí otra vez aparece la astucia, ese signo de inteligencia tan valorado socialmente que celebra el hacer algo incorrecto sin ser detectado. Ejemplos de esto son los excesos de velocidad en las carreteras y el consumo de alcohol al conducir, entre otros.

Los códigos familiares también han cambiado mucho. Afortunadamente, el concepto de familia ha evolucionado con el correr de los años. Hoy en día, todos tienen o debieran tener un espacio en esa definición, mientras haya amor y la visión de construir un proyecto conjunto, desde la decisión cotidiana de darse lo mejor unos a otros. En este punto es importante mencionar que hay países como Argentina y Uruguay que llevan la delantera y han puesto ciertos temas sobre la mesa, que en otros países recién se empiezan a discutir. Me refiero particularmente al tema de la homosexualidad, el matrimonio igualitario, la adopción de niños desde distintas instancias, incluso la revisión que se han atrevido a hacer del tema de las drogas y el narcotráfico.

Sin embargo, independientemente de la configuración familiar, el estilo de vida antes descrito ha afectado los ritos y la forma de encontrarse dentro de esta unidad. Los tiempos son escasos, y la omnipresencia del Dios Pantalla termina, por elección de las personas, disminuyendo considerablemente las conversaciones reales y la entrega afectiva directa. Hay cada vez menos espacios para expresar, compartir y vivir desde lo interior; si se detienen a observar cualquier conversación de sobremesa, seguramente los temas se centrarán en lo externo e irán desde la política a los deportes, los estudios, la televisión y la farándula, dejando casi nada de espacio para la reflexión más profunda de cómo están y qué sienten los integrantes de ese circuito.

Un ejemplo de esta realidad, y que provocó carcajadas durante la investigación, es el hábito que tenemos los padres de preguntar todos los días a los niños las mismas tres preguntas imbéciles cada vez que llegan de la escuela. Lo divertido es que estas tres preguntas se hacen desde que el niño entra al colegio hasta que termina la universidad.

Éstas son:

1. ¿Cómo te fue? (La respuesta, la mayoría de las veces, es simplemente "bien".)
2. ¿Qué hiciste? (La respuesta probablemente será "nada".)
3. Tienes algo que hacer? (La respuesta seguramente será "no".)

Claramente, estas tres preguntas transversales en todos los países no aportan en nada a mirar hacia el interior y mucho menos a saber de verdad lo que les pasa a nuestros hijos. No educamos en Occidente para escuchar al cuerpo y menos para mirarnos desde dentro y, a partir de ahí, salir hacia el exterior más completos, desde el alma y no sólo desde lo cognitivo.

Sería tan distinto si intentáramos cambiar estas tres preguntas por otras que en los talleres dieron muy buenos y lindos resultados. Se instaba a los niños a que, al regresar del colegio, fueran capaces de buscar en su interior y eligieran tres cosas buenas que les hubieran pasado en el día; también se animaba a los padres a hacer el mismo esfuerzo. Además, se les preguntaba por las tres cosas negativas que pudieron haber vivido.

Lo que solía pasar es que, en un principio, los niños y adolescentes rechazaban el ejercicio por el esfuerzo que les significaba realizarlo, pero posteriormente encontraban un aporte al buscar en su interior y escuchar a los adultos reflexionar, lo que hizo que se instalara una rutina de comunicación aplicada y reforzada en muchas de las familias hispanoamericanas que colaboraron con la investigación. Si bien la tendencia es a buscarse fuera, cuando se hace desde dentro resulta mucho más fructífero.

Toda nuestra cultura está enfocada en medir el rendimiento desde lo físico y lo corporal, lo cual es curioso, dado lo poco que escuchamos a nuestro cuerpo. Lo emocional no es considerado como válido y esto se debe, en gran parte, a la desconfianza que genera algo que no puede ser medible y que entonces puede estar sujeto a la mentira y el abuso. Por ello, sí es una excusa para un niño faltar a un examen de matemáticas por una bronquitis obstructiva y no porque escuchó la noche anterior que sus padres se divorciarían. En el primer caso, el certificado médico es irrefutable; en el segundo, dependerá del criterio del profesor.

Y con este ejemplo quiero introducir un tema fundamental, que tiene que ver con la forma que ha ido tomando la medicina actual. Nadie podría dudar que la medicina ha avanzado y que hoy no sólo salva vidas, sino que ha ido mejorando su calidad. Sin embargo, la ultraespecialización y la tecnificación han ido transformando esta ciencia en una especie de ingeniería de la salud. Muy lejos parece haber quedado el juramento hipocrático que aseguraba que a todos los pacientes se les atendía por igual y la intuición, y la observación médica y clínica eran la fuente del diagnóstico.

Hoy en día se mira al ser humano como una serie de órganos que son analizados en forma separada, dificultando la mirada integrada e interna del individuo. Se extraña a ese médico que ponía la mano en la frente y decía 37.8, y cuya probabilidad de equivocarse era bajísima.

De este modo, la medicina convencional se ha estado centrando sólo en los síntomas y no en sus causas ni en su historia. La medicina complementaria —que cada vez tiene más espacio en nuestra sociedad—, en cambio, se arriesga a descubrir las conexiones emocionales e históricas de las enfermedades y, por lo tanto, es una invitación a un viaje a un mundo interior.

Es evidente que a la medicina convencional no le conviene reconocer ni validar a los cuatro vientos los grandes éxitos de la medicina alternativa, a pesar de que cada día son más los médicos que recomiendan la homeopatía, la acupuntura, la medicina biológica, además de terapias como el reiki o las flores de Bach. Si bien los laboratorios necesitan de la medicina convencional para sobrevivir —dado los enormes volúmenes de dinero que se mueven en medicamentos—, han tenido que empezar a convivir con estos otros métodos de sanación que, desde el ayurveda hasta el biomagnetismo, parecen ser una estupenda compañía a todas nuestras enfermedades. Queda, eso sí, el desafío estatal y gubernamental de generar espacios reales para que todas las alternativas de salud sean escuchadas por igual y tengan acceso a ellas todos los sectores socioeconómicos.

La fragmentación de la medicina, la ignorancia en relación con lo que nos pasa y el poco entrenamiento que tenemos para hacernos preguntas, ocasionan que lo más fácil sea recurrir a los fármacos, para que el tiempo de reacción entre el dolor y el remedio sea lo más corto posible. En países como Chile o Perú se llega al absurdo de encontrar tres o cuatro farmacias por cuadra.

De cualquier manera, me llama profundamente la atención que nadie se pregunte por qué los centros médicos públicos y privados están repletos. De acuerdo con lo observado, creo que algo pasa en relación con lo que hemos estado revisando. Como vimos, al parecer todo está centrado en el logro y en lo externo; y tenemos pueblos enfermos por no conectarse con las emociones y, por supuesto, con el cuerpo. Para encontrar más información sobre este tema hay muchos libros que complementan lo dicho, entre los cuales uno de mis preferidos es *La enfermedad como camino*, de Rüdiger Dahlke y Thorwald Dethlefsen.

Ocurren tantas paradojas en esto de la medicina... no sé si les resulta familiar el hecho de que la gente vaya al médico esperando que le encuentren algo grave. Algunas veces inconscientemente —y otras no tanto—, la gente espera estar enferma, como si esto diera cierto estatus; como comentaba alguien en los talleres, mientras más rara y difícil de recordar sea la enfermedad, es más exclusiva.

Otra de estas paradojas —y de la cual yo misma he sido víctima— es ir al doctor y desear que me encuentre algo, pero que me genere mucha angustia que me diga no es "nada serio". Esto nos obliga a hacernos cargo personalmente de lo que nos pasa (con un cambio de hábitos, por ejemplo) y no a solucionar el problema con algo externo y de efecto inmediato. Mucho peor es cuando nos dicen que lo que tenemos es psicosomático, porque ahí sí nos quedamos perdidos y además con la culpa de estar generando nosotros mismos lo que nos pasa. Parece que se nos olvida que, al final, todas las enfermedades son la mezcla de la psique y el cuerpo.

Son muchos los puntos a tocar en lo que concierne a la medicina actual, por ejemplo, los exámenes. Hoy parece mejor el médico que pide muchos, y muy malo el que sólo confía en su observación clínica. Existe además mucha presión familiar y social que casi obliga al paciente a recorrer un millón de consultas médicas para lograr un diagnóstico más acabado. Esto provoca —nuevamente— un viaje hacia el exterior que nos aleja de entender la salud como un "para qué" más que como un "por qué".

En fin, ésta es nuestra realidad: apurada, desconectada, sin observaciones ni preguntas, y con muy poca conexión con nuestro interior; en algunos países con carácter más expresivo que en otros, pero en todos con habitantes que tienen problemas para exponer sus fragilidades.

Estamos desconectados de nuestros cuerpos, no escuchamos a nuestro corazón y no somos conscientes ni de que respiramos. Corremos todo el día buscando dinero, amor y seguridad, preocupándonos poco de la salud, a pesar de que en nuestro discurso social siempre decimos que tener salud es lo único importante. Gran paradoja.

Vivimos una etapa de la historia que debe ser una de las más apasionantes para ser vivida. Estamos llenos de oportunidades en las que tenemos la posibilidad de ejercer nuestra libertad para aumentar esa conciencia que determinará la salud y la calidad de vida que tendremos.

Es fundamental que nos hagamos preguntas y que miremos hacia dentro, siendo conscientes de todas las trampas que esta modernidad trae consigo, para poder elegir con cuáles nos enganchamos y con cuáles no. Decidamos de forma libre con qué dependencias queremos vivir, pero teniendo claras las consecuencias. Tenemos una maravillosa herramienta a nuestro alcance como es la tecnología; seamos conscientes a la hora de elegir si miraremos el cielo o la pantalla.

Afortunadamente, cada vez son más las personas que están tomando conciencia de todo lo recién mencionado y están armando otras vidas, con otros valores y, sobre todo, a otro ritmo. No estoy hablando de salirse del sistema, sino de ser conscientes de las elecciones y sus consecuencias para mejorar nuestra calidad de vida y la de nuestros hijos.

Estamos avanzando y hay luces de esperanza, y nuevas formas de relacionarnos con el cuerpo, con los otros, con la diversidad, con la inclusión, palabras que, gracias a Dios, ya forman parte de nuestros discursos cotidianos.

Insisto: en la medida en que seamos conscientes del uso de la libertad y que identifiquemos cuáles son nuestros espacios de elección —sean grandes o pequeños—, nuestro cuerpo vivirá más en armonía con nuestro ser interno y con el entorno.

CAPÍTULO 2

Los síntomas

Si uno hiciera un análisis muy simple de las emociones, podríamos concluir que, para mantenernos relativamente equilibrados, tendríamos que saber reconocer cuatro emociones básicas: la rabia, la pena, el miedo y la alegría.

Estas cuatro emociones las tengo que saber encontrar en mí, identificar en qué parte del cuerpo se codifican y dónde las experimento. Pero no sólo basta con eso, sino que también tengo que poder expresarlas y hacerlo en un contexto adecuado. Además, como tercera condición, tengo que ser capaz de reconocer estas emociones en mis seres cercanos.

Cuando estas emociones se bloquean, ya sea por aprendizaje, por cultura o por historia, entonces aparece un estado emocional que llamamos "angustia", la cual se manifiesta como un apretón en la panza, suspiros reiterados, algo de taquicardia y una sensación permanente de inquietud. Lo curioso de la angustia es que no se experimenta por algo que pasa en el presente, sino que, mayoritariamente, ocurre en un desplazamiento que se hace hacia el futuro o por no poder resolver algo que ya pasó y que nos hace sentir culpables. Es un estado paralizante y que erróneamente se usa como sinónimo de "ansiedad".

Frente a cualquiera de estos estados, sería bueno preguntarse cuáles de las cuatro emociones estoy bloqueando, para intentar expresarlas de manera limpia y sin distorsiones. Es fundamental, para esto, tener además la mirada puesta en el presente, preguntándonos, por ejemplo, *¿dónde estoy?* o *¿qué estoy haciendo?* De esta forma, el anclaje en el presente hace que la expresión de la emoción de origen se produzca de manera más simple y concreta.

Pero volvamos a los emociones, el inicio del problema. En muchos países hispanoamericanos —en Chile, por ejemplo— no nos podemos reír, porque consideramos que la risa abunda en la boca de los tontos y no en la gente inteligente (como de verdad ocurre). La gente que se ríe mucho es considerada livianita, superficial, inmadura y poco creíble, entre otros descalificativos. Hay muchos lugares en los que está prohibido reírse fuerte y a carcajadas, porque es considerado una falta de educación y una actitud que no demuestra "buen nivel social"; es como si a esa persona le hubiera faltado "pulirse".

Hay también muchos profesores que castigan a los niños, desde que tienen cuatro años, porque les vienen ataques de risa, pero no son igual de severos a la hora de sancionar las peleas.

Por el contrario, entonces, la persona malhumorada, ensimismada y seria es considerada inteligente, creíble y sólida (y si habla en términos difíciles, mucho mejor). Así es como tenemos nuestras sociedades llenas de gente emocionalmente apretada, con poca capacidad para celebrar los buenos momentos.

Nos cuesta reconocer que estamos felices, es como si a algo dentro nuestro le diera susto. Fuimos colonizados por una religión que, en esa época, planteaba que por pasarla bien había que pagar, así que fuimos entrenados para sentir culpa la mayor parte del tiempo. En Chile, por ejemplo, se dice que si uno ríe un martes, llora el viernes, y así cada país tiene sus propias formas de expresar sus miedos frente al estado de bienestar.

Esto trae como consecuencia que las buenas noticias no se cuenten, que dé susto compartirlas. Cuando estamos presentando una solicitud para un trabajo o un crédito, ¿quién no ha recibido el consejo de que es mejor no contar nada hasta que esté todo resuelto, porque de lo contrario, como dicen "se dispersa la energía"?

Otra consecuencia es que nos cuesta mucho ilusionarnos, por el temor al sufrimiento. Es tanto el miedo a la conexión con nuestros sentimientos que preferimos la no ilusión al riesgo de la emoción.

La tristeza —la llamaré así, porque hay países en los que la palabra *pena* significa vergüenza— tampoco se puede expresar libremente. Un buen funeral es aquel en el que la viuda está drogada y recibe a la gente como si fuera un cumpleaños, porque no entiende nada de lo que le pasa. Seguramente alguien llegó al inicio del rito de despedida con una cara muy gentil a ofrecer todo tipo de medicamentos para que la mujer estuviera "tranquila". La pregunta es: ¿por qué habría que estar tranquila si perdió a alguien a quien amaba?, ¿por qué no tenemos permiso para llorar a gritos y después tener la paz tan sanadora de haber expresado lo que sentimos?

Claramente no podemos. Si estamos en un funeral o en cualquier rito de despedida y la persona que sufre por la pérdida "se sale de control" llorando, abrazando tal vez el ataúd, seguramente todos diríamos que hay que traerle algo a esa persona para que "recupere el equilibrio", sin darnos cuenta de que, probablemente, con ese gesto estamos colaborando a la negación de las emociones y a que éstas queden encapsuladas en el cuerpo. Lo que termina por ocurrir es que si los duelos los vivimos en solitario, sin expresar lo que nos pasa, en un par de años el cuerpo terminará pagando por ello.

En la investigación que dio a origen a mi libro *Bienvenido dolor*, se probaba que en el mundo hispanoamericano, en promedio, tenemos entre tres a seis meses para decir que estamos tristes, porque pasado ese tiempo nos empiezan a llamar la atención y a decirnos que la vida sigue, que hay que dejar ir y otras estupideces cuya consecuencia es que las personas vivamos nuestros procesos de duelo en solitario, ya sea para no molestar o para evitar la sanción de la gente al vernos vulnerables. Aquí calza perfecto lo que detallé anteriormente sobre el concepto de fortaleza.

El poder expresar la tristeza, llorar cuando haya que llorar, es parte básica de una buena salud, como también lo es el reírse con ganas. Es paradójico nuevamente que los ataques de risa sean cada vez menos frecuentes y que tengamos una generación de jóvenes que, para reírse así, tengan que tomar algo, ya sea alcohol o alguna droga. Los jóvenes no saben cómo reírse desde dentro, y la solución la encuentran en lo externo. Como me decía un adolescente en el norte de Chile: "Yo nunca ha visto hacerse pipí de la risa a mi mamá o a mi papá". Ya no son comunes esos ataques de risa que te hacen temblar las piernas y con los cuales al día siguiente te llega a doler la mandíbula.

Nos estamos riendo mayoritariamente de los otros y de lo que entendemos como de "doble sentido", siendo cada vez más frecuente no reírnos de cosas "ingenuas". Esto parece tener relación también con la necesidad de sentir desde el cuerpo la risa como un fenómeno colectivo. También se vincula con la dificultad que hoy tenemos

—como explicaba en el capítulo anterior— de entender la bondad como un valor.

Nos queda entonces la rabia, emoción gobernante en nuestros pueblos. A través de la rabia conseguimos, la mayoría del tiempo, ser escuchados y reconocidos. Por medio de esta emoción se canalizan todas las tremendas desigualdades sociales y las brechas en salud y educación, entre otras.

Habría aquí que hacer una distinción de cómo se entiende y valora la rabia desde lo femenino y lo masculino. El hombre, al enfurecerse, hace gala de su masculinidad y poder; mientras que en la mujer, la rabia se interpreta como un gesto de descontrol o de "histeria", que probablemente se deba a un "problema hormonal". Lo cual es uno de los tantos vestigios que aún quedan del machismo en nuestra sociedad. Esta misma base es la que hace que las mujeres o lo femenino (que no siempre son lo mismo) estén entrenadas para entristecerse por todo y aprendan —legítimamente— a sentir rabia con los años. Con lo masculino sucede al revés: los hombres están condicionados para enfurecerse como un signo de masculinidad y aprenden a entristecerse con los años. Por eso es frecuente ver a abuelos llorar con sus nietos y a abuelas regañándolos por "tanta emoción desbordada".

El miedo, por su parte, dejó de tener el sentido protector que antes tenía. Cuando yo sentía miedo era una señal de que ahí había un riesgo y me podía hacer daño. Hoy, el miedo se prueba en la medida en que se atraviesa; entonces es valiente quien conduce a ciento cincuenta kilómetros por hora o el que prueba las drogas duras, porque decir que *no* es de cobardes.

De hecho, recuerdo —lo cual tiene gran relación con la conexión con el cuerpo— que mi máxima sensación de adrenalina, cuando niña, era ir a un parque de diversiones y subirme a un carrusel, donde generalmente elegía un delfín, que giraba subiendo y bajando al tono de la música clásica. Entre esos movimientos me quedaba mirando a mis papás que me veían desde abajo haciéndome sentir independiente y libre; en esos momento yo sentía que "la vida jugaba totalmente a mi favor".

Si hoy no hay una ambulancia afuera de algún parque de diversiones, quiere decir que sus juegos son aburridos y les falta "emoción". Cuando la gente dice eso —y en la investigación lo preguntaba mucho—, lo que en el fondo significa que ese juego no genera síntomas corporales como taquicardia, dolor estomacal y mareos prolongados.

Ésta es una simple muestra de cómo estamos desconectados de nuestro cuerpo, y de cuánto necesitamos modificar los umbrales de nuestras sensaciones para conectarnos con el hecho de que estamos vivos.

Es, en estos problemas en la expresión y codificación

corporal de las cuatro emociones básicas, donde se originan los primeros síntomas a los que hacemos oídos sordos. Andamos angustiados, como apretados por dentro, y, generalmente, en vez de preguntarnos qué nos está pasando y qué nos estará informando el cuerpo, tendemos a recurrir a algún fármaco que nos anestesie los síntomas con el fin de poder seguir "funcionando", porque vivimos con la sensación —que muchas veces es una tremenda realidad— de que "no podemos parar".

Todo el mundo habla de síntomas, de que siente esto o aquello, pero nadie habla de emociones. Es distinto decir "me duele la espalda" que decir "estoy cansado porque estoy llevando mucho peso y eso me hace sentir tristeza". Evidentemente, es más fácil y rápido lo primero, y también más aceptado socialmente. Lo otro, además de "emocional", parece eterno, y probablemente son pocas las personas que se darían el tiempo de escuchar tanto análisis. Vivimos en la época de la síntesis emocional.

La primera sintomatología que describía la gente con la que trabajé en los talleres —y que seguramente yo también experimenté, pero no vi— es que cambia la energía cotidiana: estamos más decaídos, con pocas ganas de hacer cosas, a veces con problemas de sueño, de apetito, nos sentimos más irritables o más tristes. Todos estos síntomas empiezan a configurar un discurso que, además, tiene cierto sentido heroico y todo el mundo valida. Este discurso nos aleja de nosotros mismos y nos lleva a una secuencia de mentiras que nos hace perdernos del verdadero análisis que deberíamos realizar; la frase clásica que resume todo lo que nos pasa es que ESTAMOS CANSADOS.

Esta expresión parece ser tan aplaudida y compartida por todos que no requiere mucha discusión. En el fondo, nos sentimos bien cuando decimos que estamos cansados, es como ratificar nuestra imagen de héroes, frente a nosotros mismos y frente al resto. Pero, cuidado, con esto no estoy diciendo que el cansancio no exista o que no tengamos derecho a expresarlo; muy por el contrario, cuando éste se siente hay tomar todos los recaudos para afrontarlo. Tenemos la obligación de dormir mejor, comer bien y rodearnos de buena energía; si sólo es cansancio la sintomatología tendría que pasar.

El problema real viene cuando este cansancio se hace más agudo y se empieza a expresar con distintos síntomas corporales, lo que nos conduce a una peregrinación médica de la que todo el mundo opina. Este recorrido suele terminar en una serie de exámenes que, para peor, no arrojarán ninguna alteración severa. Digo para peor, porque cuando uno se siente así —en una sociedad en la que todas las soluciones están fuera—, lo único que quiere es que le encuentren algo para poder controlar el cuadro, tomar un remedio y así "seguir funcionando" y respondiendo a todas las exigencias que esta sociedad productiva nos llama a cumplir. Así es que cuando nos dicen que no hay nada biológico y que no hay remedio "comprable" que lo solucione, nos angustiamos. Probablemente los médicos nos digan: "Debe ser estrés, tienes que descansar". Y pensamos: "¿Acaso él me pagará las cuentas mientras descanso?", por ende, cae sobre nosotros la sensación de "no puedo parar", con lo que todo vuelve a cero.

Sigo entonces con esos síntomas que me molestan; todos me dicen que haga esto o aquello y empiezo con la automedicación, que me soluciona en parte el problema, porque inhibe los síntomas y me deja de nuevo en el campo de batalla con facultades para seguir "peleando la vida".

Esta sensación de no poder parar, que nuestra sociedad —centrada en el logro— fomenta, refuerza la idea de que somos indispensables y que se nos va la vida si no respondemos de inmediato los mails o los mensajes de WhatsApp. Más de una vez hemos recibido el regaño de "¿para qué tienes celular si no lo contestas?" o sentido que un mail tiene el poder de una notaría: lo que ahí está escrito nunca lo conversamos, pero si aparece ahí hay que respetarlo.

La tecnología ha producido síntomas que son muy parecidos a la adicción a cualquier droga; se presenta un síndrome de abstinencia si se nos pierde el aparato o si nos desconectamos. Cada vez necesitamos más a nuestro Dios Pantalla para lograr cierta sensación de control y descanso.

Hasta este momento nadie me ha preguntado cómo están mis cuatro emociones y si las puedo expresar con normalidad. Todo el mundo ve mi jaqueca, mi ausencia o exceso de sueño, mi apatía por hacer cosas o ver gente, mi irritabilidad, etcétera. Lo que se nota con mayor frecuencia en las personas son la angustia y la ansiedad. Las verbalizaciones en las que se expresan estos estados son: "Tengo ganas de llorar y no puedo", "No sé por qué me como todo lo que encuentro", "No tengo ganas de hacer nada", "Hace mucho que me cuesta levantarme", "Ya no disfruto de las cosas como antes", "Me siento feo", "Estoy cansado todo el día", "Me quedaría acostado, feliz".

Estas y otras verbalizaciones fueron expresadas por personas que estaban diagnosticadas con estrés o depresión —enfermedad tremendamente sobrediagnosticada—, frente a lo cual no cabe más que preguntarse si la reflexión no debiera ir por otro lado, por uno que tal vez signifique más tiempo y desgaste emocional. En otras palabras, ¿no sería más fácil preguntarnos por nuestras emociones primero?

En mi fundación Cáncer Vida siempre he dicho que hay que creer en el diagnóstico pero no en los pronósticos.

Éstos muestran que no hay enfermedades, sino enfermos, y que, por lo tanto, el análisis personal e histórico-emocional es fundamental para entender qué curso tomarán las cosas y por qué han sucedido.

La gente hereda cosas; como dice Joan Manuel Serrat, cargamos con los dioses, la genética y la forma de ver el mundo de nuestros antepasados, así como con la forma en que ellos han codificado y explicado sus emociones y tratado sus síntomas, como expresión de algo o como consecuencia de otra cosa que, a lo mejor, no fue detectada en el proceso.

No seríamos lo que somos sin nuestra historia, y es ésta la que nos da la base para explicar gran parte de lo que nos pasa. Nos enseña pautas de cómo se solucionan los conflictos, modelos para actuar frente a las dificultades, umbrales de tolerancia para los dolores tanto físicos como emocionales.

Es entonces fundamental reconciliarnos con nuestra historia y revisarla para poder entender por qué y tal vez para qué nos está ocurriendo lo que nos pasa. En este sentido, recuerdo un episodio de mi vida que marcó mi forma de mirar las enfermedades. Tengo psoriasis y digo "tengo" porque la predisposición se tiene toda la vida y lo que se puede modificar es sólo la expresión del cuadro. Esta enfermedad de la piel se caracteriza por eczemas, producidos por el aumento acelerado de las células cutáneas que hace aparecer manchas casposas de muy feo aspecto.

En un momento llegué a tener cubiertas casi todos las piernas, los codos, el cuero cabelludo y hasta las orejas. Al tipo de psoriasis que yo tenía le hacía muy bien el sol, lo que me ayudó a justificar que me gustaba tomarlo para mejorarme. La psoriasis iba a desaparecer, pero seguro iba a desarrollar un cáncer en la piel. No parecía buen negocio. Esto, sin mencionar la cantidad de cremas con corticoides que usé y todas las consecuencias que esas sustancias tienen en nuestro cuerpo. Me traté de todas las formas posibles: champú de yodo, cremas naturales de todo tipo y sal del mar Muerto, entre otras curiosidades. Dolía, picaba y se veía muy feo.

Todo esto ocurrió mientras llegaba a mis manos una lectura que asociaba las enfermedades con las emociones y le daba otro sentido a los problemas de salud. Ahí descubrí que este padecimiento, la psoriasis, era una reacción a la rabia de otros hacia mí. Yo no sabía reaccionar frente a la rabia de los otros y tampoco tenía recursos para expresar la mía. Gran descubrimiento. Me puse entonces a buscar en mi historia y no me resultó difícil hallar que me había criado con padres muy fuertes de carácter, frente a cuya autoridad había que contener la tristeza o el enojo por algo injusto, simplemente como signo de respeto.

Descubrí también, por ejemplo, que cuando en mi práctica clínica me encontraba pacientes muy agresivos, casi al día siguiente de la consulta me aparecían más ronchas. Ya la sola toma de conciencia de las causas y el estar más "blindada" o protegida cuando ocurrían estos hechos, ayudó a que éstas disminuyeran. Y cuando empecé a trabajar en cómo expresar mis molestias y mis tristezas nunca más las tuve, hasta el día de hoy, en mi cuerpo. Sé que no eliminaré el padecimiento, pero nunca más se ha vuelto a manifestar, y eso tiene que ver con haberme dado el tiempo de analizar por qué ocurría, pero no desde la genética o los síntomas, sino desde las emociones, desde el escuchar los mensajes que el cuerpo me estaba dando. En este caso no hice "oídos sordos".

Lo que sucede frecuentemente es que a todas estas señales —traducidas como cansancio, dolores de cabeza, insomnio, dolores de espalda, etcétera— se les hace oídos sordos y la gran mayoría de la gente se medica para así dejar de escuchar al cuerpo y seguir funcionando. Aquí es fundamental aclarar que, en los sectores de menos recursos, las personas muchas veces no tienen la educación o las posibilidades de hacerse estas preguntas, y es muy loco pensar en cuánto dinero se ahorraría la salud pública si el entrenamiento fuera hecho desde dentro y no solamente desde lo sintomático.

La reacción del cuerpo al no ser escuchado es poner ciertos órganos a sobretrabajar para que los observemos. Como las emociones no pueden ser expresadas, su estrategia es decirle a determinado órgano del cuerpo que le pase el mensaje a la persona de que algo está pasando ahí dentro. La mejor manera que tienen las emociones es bajar el sistema de las defensas —el sistema inmunológico— y, desde ahí, generar cualquier enfermedad, la cual puede ir desde un simple resfrío hasta un daño más focalizado. Pareciera que genéticamente cada ser humano es más vulnerable en unos órganos que en otros y, por lo tanto, serán los más débiles los que acusen recibo de esta falla inmunológica.

Existen hermosos libros que explican la asociación de cada órgano con las emociones que no han sido liberadas y las consecuencias que esto tiene en nuestro mundo emocional y físico. Les recomiendo buscarlos porque son maravillosos y una estupenda forma de autocultivo y autoconocimiento. Me refiero al ya citado *La enfermedad como camino* de Dethlefsen y Dahlke, a *La rueda de la vida* de Elisabeth Kübler-Ross y a *Usted puede sanar su vida* de Louise Hay, entre otros.

En medio de esta negación de las emociones —y, por qué no decirlo, de nuestra historia y ancestros, que determinan más de lo que pensamos nuestra forma de procesar la realidad—, a estas alturas ya se han visitado muchos médicos, se han hecho diversos exámenes, pero la mayoría de las veces las respuestas siguen sin llegar.

Si existe un diagnóstico claro como, por ejemplo, migraña, lumbago, bronquitis, asma, etcétera, tampoco en ese minuto nos hacemos la pregunta de por qué y para qué llegó esa enfermedad y cuál es el mensaje y la invitación que nos hace. De hecho, muchas veces se da el absurdo caso de que si el diagnóstico es muy simple nos tendemos a poner tristes porque sentimos que eso no explica nuestro verdadero malestar.

No era poco frecuente escuchar en los talleres —por supuesto en son de queja— frases como: "Estuve toda la tarde esperando y no me encontraron nada", o "Pagué tanto por este médico o este examen y no me apareció nada". Es como si nos deprimiera estar sanos. Hay otra frase que es clásica: "Para qué voy a ir al doctor si ya sé lo que me va a decir". Todas y cada una de estas frases muestran cómo intentamos encontrar respuestas a nuestros miedos con una medicina que, si bien nos ha ayudado muchísimo en lo que a calidad y expectativa de vida respecta, resulta cada vez menos acogedora.

Si una persona no se arriesga y se atreve a revisar qué está pasando en su vida, si no se aventura a hacer ese viaje hacia su interior, probablemente mejorará gracias a los avances de la ciencia, pero su cuerpo habrá aprendido que la próxima vez que las emociones o fragilidades no sean escuchadas, los mensajes enviados serán cada vez más fuertes y exigentes.

Es importante mencionar que este camino es vivido de diferente manera por hombres y por mujeres, y también según la edad. Las mujeres parecen ser más conscientes de sus afectos, pero no necesariamente se preguntan el porqué y para qué de las cosas que les pasan. Los hombres, en general, funcionan más desde el miedo y ésa es la emoción que los alerta; no son preventivos y, por lo tanto, tienen mayores dificultades para hacerse las preguntas a las que invitamos en esta investigación. Se probó, en el estudio, que las preguntas se incrementan a medida que aumentan los años, seguramente porque la experiencia va mostrando que en la vida no todo es sintomático. La gente que está en sus treinta años, por ejemplo, quiere recuperarse lo antes posible de cualquier dolencia para así seguir la carrera de la vida.

Era impresionante y gracioso notar incluso cómo la gente verbalizaba lo difícil que se les hacía ver los síntomas que experimentaban como un todo, cuando la tendencia era entenderlos como cosas aisladas. Esto mismo me pasó a mí y es algo que quiero compartir con ustedes, porque coincide con cientos de historias recogidas y tiene sentido para mucha gente que lo escucha.

Yo empecé con dolores de cabeza "casualmente" los fines de semana, porque mientras trabajaba disminuían.

Después vinieron los derrames en los ojos cada quince días, más o menos, lo que me llevó a un oftalmólogo, quien, luego de hacerme todos los exámenes, concluyó que no tenía nada y que debía ser CANSANCIO. Sumémosle a este cuadro mareos, hormigueos en el cuerpo y la sensación corporal de estar desconectada, como "no sentir nada".

Es importante mencionar que a todo el mundo le resultaba lógico ese diagnóstico de cansancio, porque, efectivamente, yo trabajo mucho, pero no más que millones de seres humanos que, además, no tienen los reconocimientos que yo recibo por mi labor; por lo tanto, mi forma de plantearlo fue decir: "Tengo que seguir; hay mucha gente que está peor y no debo quejarme por lo que me pasa".

Luego de los derrames vinieron las arritmias, lo que me llevó al cardiólogo, quien me hizo todos los exámenes propios de su especialidad y concluyó, otra vez, que no tengo nada más que una "arritmia funcional", que se produce por razones emocionales. A estas alturas estoy con algunas gotitas para los ojos para cuando tenga derrames y con la maravillosa instrucción médica de "tomarme la vida con más calma". ¡Plop! ¡¿Cómo se hace eso?!

Al poco tiempo —y seguramente debido a mi estupidez de no ver que esto era un llamado de mis emociones— empecé a tener alergias en el cuerpo, principalmente en la cara (para que las viera bien, ja, ja, ja), y después una hemorragia que duró alrededor de tres meses. Todos los exámenes hormonales estaban normales y nada explicaba lo que me ocurría. Hasta ese momento yo literalmente estaba haciendo oídos sordos a lo que me estaba pasando y, lo que es peor, sentía que me estaba cuidando, yendo a los especialistas a los que tenía que ir. No me puedo imaginar lo que debe ser esto mismo para alguien sin recursos, que además de no entender nada —al igual que yo—, no tiene los medios y le toca esperar meses para que alguien le dé una respuesta.

Mi vida dio una vuelta de ciento ochenta grados cuando acudí con una doctora sabia, de esas antiguas —no porque sea vieja, porque no lo es—, que vive la medicina desde la integración y desde lo clínico más que desde la imagenología. Esta mujer me hizo ver, literalmente, que todos mis síntomas formaban parte de un cuadro general. Sólo entonces me doy cuenta de que todas las señales me mostraban que me estaba reventando por dentro; no por casualidad la sangre era un elemento constante en todas mis alteraciones.

Lo que tenía era una alteración metabólica severa, lo que en términos emocionales reflejaba dificultad para poder discriminar lo bueno de lo malo dentro de mí, la enorme incapacidad para desintoxicarme de aquello que recibía y que yo misma no me daba cuenta de que me hacía mal. Además, se me estaba acumulando todo dentro: un sinfín de toxinas, líquido, etcétera, que no sabía cómo eliminar y, lo que es peor, no encontraba respuesta al mensaje que todo aquello me estaba mandando.

Tuve que suspender una gira internacional, reprogramar mi vida entera y empezar a decir "no puedo", "no soy capaz". Decidí compartir lo que me estaba pasando en los talleres y en las charlas, que en ese momento no pude suspender, y fue ahí donde empecé a ver la resonancia que esta historia hacía en mucha gente, independiente de sus niveles socioeconómicos y culturales. En los grupos de trabajo de las investigaciones del silencio y del estrés, todo el mundo me contaba sus propias experiencias, que podían diferir en los síntomas, pero coincidían en cuanto a la dificultad para descifrar el mensaje que cada alteración mostraba.

Es tan brutal el entrenamiento que tenemos para observar sólo lo de fuera, que la ceguera es transversal a la clase social y a la educación. Todos y todas estamos, sistemáticamente, negando la información que el cuerpo nos entrega como respuesta a no haber escuchado nuestras historias y nuestras emociones.

En esta secuencia, que estoy intentando reproducir de forma ordenada, empezó a ocurrir algo con la gente que es interesante contar. Cuando un médico no pide exámenes, porque no los necesita para tener claro lo que uno tiene, se activa toda la suspicacia social, comenzando por la misma familia. "¿Y esta doctora de dónde salió?, ¿te la recomendó alguien?, ¿será buena? Quizá sería pertinente que pidieras una segunda opinión." Es más: muchas veces los mismos pacientes sienten que si un médico no les pide muchos exámenes no está haciendo bien su trabajo. Hemos dejado de creer en esa intuición médica y exigimos la técnica y la imagen por sobre la experiencia y la observación.

Hoy, además, no podemos olvidar un nuevo elemento en la evaluación diagnóstica, que tiende a complicar más que a facilitar el proceso. Estoy hablando del doctor Google, un médico que parece saberlo todo; luego de consultarlo, la gente cree "saber más", ve disminuidas sus ansiedades y obtiene la sensación de un cierto control sobre su situación. Es tan absurdo que, a veces, el paciente le dice al médico lo que tiene o no que hacer, como si acudiera a él para confirmar lo que el doctor Google le dijo, esperando que el profesional simplemente ejecute lo que internet recomienda. Otra vez: todo centrado en lo que viene de fuera, y con poca o nula confianza en la relación médico-paciente, y en la intuición y sabiduría adquirida con la experiencia.

Las enfermedades parecen llegar porque hay algo no resuelto en nuestras vidas, más precisamente en nuestras emociones. Acaso llegan a cumplir la función de maestros, para que aprendamos algo que nos haga evolucionar en nuestra dimensión emocional o espiritual.

En general, somos socialmente poco acogedores con los síntomas, intentamos evitarlos y damos todos los consejos necesarios para erradicarlos. Estos síntomas pueden ser muchos, desde sudores, taquicardias, sofocos, escalofríos, mareos, alteraciones del sueño, del apetito y del deseo sexual, problemas articulares y hormonales, alteraciones del ánimo y hasta depresión. Si uno los revisa y analiza, bajo la mirada de esta investigación, todos éstos son un llamado a la detención, al autocuidado y, por qué no decirlo, a mimarse, gesto que parece estúpido y que tan poco se ha desarrollado en nuestra cultura. Mimarse tiene que ver con cuidarse, con el manoseado concepto de "autoestima". Digo manoseado porque en su nombre se gestan muchos actos egoístas que nada tienen que ver con el desarrollo del buen concepto de uno mismo. La verdadera autoestima tiene más que ver con el quererse, pero desde lo que uno da, y no con mirarse el ombligo todo el tiempo.

Para tener una buena autoestima hay que generar un espacio de autoconocimiento que pasa por una reconciliación con la propia historia —con su lado luminoso y su lado oscuro—, pero no sólo desde lo cognitivo sino desde lo emocional. De la mano de este proceso de autoconocimiento —que dura toda la vida, ya que las personas cambian y evolucionan con los años y con las experiencias vividas— viene un proceso de aceptación de lo que somos, no desde el ego y la vanidad, sino desde el hacerse cargo de eso que descubrimos y que llevamos dentro.

Con esta aceptación, se consolidan las bases para una autoestima realista, positiva y, ante todo, humilde. Este proceso es dinámico, cambiante en forma y fondo, según el riesgo que queramos correr en el camino de la vida. Para desarrollar una buena autoestima es fundamental escuchar al cuerpo y sus señales, y darles una lectura generosa y provechosa.

Mientras investigaba el tema del estrés, en un principio resultó fácil definirlo como una experiencia interna que crea un desbalance en el individuo y que es el resultado de factores de su ambiente interno, de la organización donde trabaja o de las personas que lo rodean. Existen distintos tipos de estrés: el emocional, el laboral y el social, entre otros. Sin embargo, bajo la mirada de esta investigación, lo clave resultó ser el mal entrenamiento que tenemos, a propósito del mundo emocional, así como el enganche automático que hacemos con el sistema que todos hemos construido, basado en el éxito y en la productividad, y no en el bienestar de las personas.

Sintetizando entonces lo que hemos recorrido hasta este momento, podríamos decir que el camino de síntomas se inicia con señales leves de alarma, que la mayoría de las veces son negadas o apagadas mediante medicamentos, con el único fin de seguir funcionando. Después viene una etapa de resistencia en la que el cuerpo empieza a hablar más fuerte, para finalmente entrar en la etapa del agotamiento, en la que la estructura corporal cede, enfermándose o falla algún órgano. Ésta es la única manera que tiene el cuerpo de detener la estructura y obligarla —ya no invitarla— a parar.

Un maravilloso ejemplo de cómo la estructura corporal literalmente "revienta" para que el cuerpo se detenga a reflexionar sobre lo que le pasa a nuestras emociones, son las famosas "crisis de pánico". Las personas que padecen de este cuadro tan propio de la modernidad son víctimas de desequilibrios tan potentes que las hacen sentir que se van morir. De este modo, la sintomatología paraliza a la persona como una señal de alarma, para obligar a su cuerpo a detenerse y mirar hacia dentro.

El asunto se trata entonces de estar atentos a las señales del cuerpo y del alma, incorporando las emociones y su expresión en forma permanente. A continuación menciono las cinco fuentes de ansiedad que plantea Albert Ellis, que cuando uno las asume tiene gran parte del camino recorrido:

1. El deseo de tener el amor y la admiración de toda la gente que nos rodea.

2. El deseo de ser enteramente competentes todo el tiempo.
3. La creencia de que factores externos siempre son las causas de nuestras desgracias.
4. El deseo de que las cosas sean como queremos que sean y que la gente haga lo que queremos que haga.
5. La creencia de que las experiencias pasadas controlarán inevitablemente lo que sucederá en el futuro.

Seguramente, a lo largo de nuestra vida, nos hemos visto atrapados en más de alguna de estas creencias, y seguramente también hemos logrado vencerlas y liberarnos de su irracionalidad. Si uno las analiza más profundamente, podrá concluir que hay una emoción encubierta en ellas; desde ahí Lisa Feldman hace una vuelta de tuerca y añade un dato más que me parece interesante en la discusión: "Las emociones son un intento de nuestro cerebro por descifrar lo que le pasa a nuestro cuerpo en relación con el entorno". Entonces, si escucháramos más a nuestro cuerpo, a nuestro cerebro le resultaría más fácil traducir sus señales y podríamos decir con mayor claridad lo que nos pasa. Entonces no tendrían, por consecuencia, por qué aparecer los síntomas de los que hemos estado hablando.

Si algo queda claro en este capítulo, en el que hemos desarmado las negaciones y mirado más hacia dentro, es que el cuerpo grita lo que uno no dice. Ahora los invito a ver qué hacemos cuando ya hemos pasado por la negación, no hemos expresado lo que nos pasa y el cuerpo gritó fuerte.

CAPÍTULO 3

El tratamiento

Llegamos a ese punto en el que estamos enfermos, nuestro cuerpo gritó y, de una u otra manera, nos ha hecho detener para que tengamos que hacernos preguntas y volver a ese lugar inicial en el que todo podría haberse evitado.

Mientras trabajaba en esta investigación leí una frase que me pareció tener mucho sentido, y que es una invitación para iniciar el tratamiento: "El cuerpo grita lo que la boca y el corazón callan". El doctor Edward Bach, el descubridor de la terapia floral, dijo, a su vez, que "la enfermedad es un conflicto entre la personalidad y el alma". Teniendo esto claro y la mirada puesta en el lugar desde el que queremos empezar, el tratamiento se inicia con el deseo profundo de la persona que experimenta los síntomas de erradicarlos lo más rápido posible.

Quizás aquí está el primer error, que llevará a que el camino sea más difícil de lo que debiera: la impaciencia, uno de los tantos males de nuestro tiempo. De cualquier manera, esto es normal: nadie quiere experimentar dolor ni sensaciones desagradables, pero existen muchas diferencias culturales en la forma en que se lleva a cabo el proceso de sanación. Un ejemplo maravilloso es la manera en que muchos pueblos indígenas diagnostican y tratan las enfermedades, siguiendo los tiempos de la naturaleza en la maduración y sanación de los síntomas.

Intentar sanarse de verdad va más allá de acudir a un especialista, hacerse exámenes y tomar los remedios indicados. Tiene que ver con aceptar la invitación de la enfermedad hacia un proceso de transformación que implica un sinnúmero de preguntas a las que hay que darles el tiempo y el espacio para ser respondidas.

En medio de enormes presiones sociales, se emprende este camino de sanación que probablemente empiece en la consulta de un especialista o de un médico general. Seguramente, la búsqueda comenzará por un *buen médico,* cuando se puede conseguir, ya sea por contactos o por recursos, que rápidamente dé soluciones. El periplo continuará hasta dar con un *médico bueno* que, ojalá, coincida con el anterior. En general, si se tiene que elegir, se preferirá un doctor que esté disponible, que conteste las dudas y que exprese preocupación genuina por lo que nos pasa.

Como revisamos en el capítulo anterior, a menudo sucede que este médico nos dice que está todo bien, que sólo estamos “cansados”, lo que implica que la angustia aumenta y el peregrinaje continúa.

Hoy por hoy, esta búsqueda se hace más compleja porque, afortunadamente, la medicina complementaria y alternativa han ido ocupando más espacio y generado más credibilidad. La OMS (Organización Mundial de la Salud) afirma que "la salud no es sólo la ausencia de enfermedad o lesiones, es un estado de completo bienestar físico, mental y social". Bajo esta perspectiva, es posible afirmar que tenemos un cuerpo físico, un cuerpo emocional y uno energético o espiritual. En este sentido, es de toda lógica que busquemos un tratamiento que integre todas estas dimensiones y que mejore nuestra existencia en esos tres niveles.

Nuestra educación convencional plantea que lo que debemos cuidar y manejar es nuestro cuerpo físico; el emocional apenas está siendo considerado en estos últimos años, y hay países —como Argentina— en los que la preocupación por trabajar esta área es más profunda que en otras naciones del continente. El cuerpo espiritual es fundamental en Oriente, donde la salud está centrada en esa dimensión del ser humano. En esa parte del mundo, los tratamientos surgen desde ahí, y la consecuencia de dicha sanación es la integración con los otros dos estadios.

Cada vez somos más los que hemos decidido partir de las preguntas antes que de los síntomas; pero en este camino, sea cual fuere el elegido, hay responsabilidades compartidas de muchos sectores.

Las primeras son las responsabilidades personales. Éstas van más allá de hacer lo correcto, que significa buscar especialistas que nos ayuden a que esto pase, como dije, lo antes posible. Esta responsabilidad se asume creando un espacio interior donde quepan las preguntas y donde los "porqué" y los "para qué" encuentren un sentido. Es importante tener espacios de silencio, que son más que la sola ausencia de ruido. La naturaleza tiene muchos sonidos, y cuando uno los encuentra y se relaciona con ellos es cuanto más silencio se siente. Escuchar el silencio es la primera invitación que nos hace la enfermedad para conectarnos con nuestras emociones. Estamos en un mundo que niega y que no quiere hacer contacto con el silencio, pues nos angustia y nos da miedo lo que podamos encontrar. Seguramente en unos años más —no muchos, porque ya hay paquetes turísticos que lo ofrecen— vamos a tener que pagar por estar en silencio.

La primera etapa de tratamiento implica hacer contacto con el silencio para generar ese espacio en donde pueda expresarse, en toda su magnitud, esa soledad maravillosa que necesitamos encontrar para así poder entrar en la segunda etapa del tratamiento, que tiene que ver con hacerse preguntas. ¿Por qué y para qué me está ocurriendo todo esto? ¿Cuál es la invitación que me está haciendo mi cuerpo? ¿Qué pasa con mis emociones?

Según las respuestas que vaya encontrando se irá perfilando mi proceso de sanación.

Proporcional a la fuerza con que mi cuerpo esté mandando la información —o, mejor dicho, la invitación— será el grado de nuestro daño corporal y la sensación de pérdida de libertad en el proceso. Según la variabilidad de estos factores —más nuestras predisposiciones genéticas—, tendremos la sensación de que todo es controlado por el cuerpo, sin que podamos hacer mucho. Sin embargo, no debemos olvidar que siempre hay un espacio —pequeño o grande— desde donde podemos elegir la actitud con la cual enfrentar lo que nos está pasando.

Recuerdo a una mujer con un cáncer terminal quien me dijo: "No es mucho lo que puedo hacer, Pilar, me voy a morir seguramente entre hoy y mañana, pero en ese mínimo espacio de libertad que me queda puedo escoger cómo morirme y con quién. Hay gente que no tiene esa libertad porque sus partidas son repentinas, pero yo puedo elegir cómo morir, y quiero hacerlo bonita y rodeada de las personas que quiero". Gran lección. Al escribir sus palabras se me viene a la mente su rostro, en la cama de la sala común del Sotero del Río (un hospital público de Chile). Una mujer hermosa que me pidió que la maquillara y le pusiera un turbante para que, cuando fuera su familia a despedirse, la vieran guapa. Y así es como se fue: libre y haciéndose cargo de lo que le pasaba.

La mayor responsabilidad personal tiene que ver con la apertura del corazón a la experiencia de estar enfermo y desde ahí preguntarse, cambiar, reordenar las prioridades, expresar las emociones, agradecer, anclarse en el presente y nunca dejar de pensar que esto tiene un sentido. Mientras más rápido encontremos ese sentido, más rápido nos sanaremos, no sólo de los síntomas, sino también de las causas. Igual que en la escuela: si uno no aprende las lecciones, repite el curso y, por lo tanto, el cuerpo volverá a expresar que ahí hay algo no trabajado.

En un encuentro que tuve en 2015, con Deepak Chopra, en Miami, gracias a otro gran amigo que es Ismael Cala, pude conversar con él sobre su programa Salud Perfecta. Recuerdo que él hablaba del poder terapéutico del amor y de los vínculos para poder mantener una buena salud, y rescataba mucho el tema de la bondad como un buen energizante para mantener el "yo" en su centro. Estando ahí no pude evitar recordar todo lo que les he contado sobre la bondad y de lo difícil que es expresarla y sentirnos orgullosos de ella.

También recuerdo haberle contado de la investigación sobre el estrés y el silencio que estaba llevando a cabo; y él, con la humildad de los grandes, se mostró muy interesado y me dijo que, para tener buena salud o lo que él llama una "salud perfecta", se requería trabajar cotidianamente en cinco elementos:

- *Buena y sana alimentación.* Aquí se refirió especialmente al daño que causa el azúcar, la cual es siete veces más adictiva que la cocaína y, según él, es la responsable de la gran cantidad de obesidad en el mundo y de muchos otros problemas de salud. Sucede que no somos conscientes de ello, ya que es una "droga" a la venta en todas partes y con una estimulación social y afectiva que supera todos los parámetros de la lógica.

  Habló también del agua como bebida primordial, dejando de lado lo artificial y todo lo que tenía que ver con el consumo de proteínas. Muchos dicen que somos lo que comemos, y algo de razón tiene este enfoque. Si un segundo antes de echarnos algo a la boca nos preguntáramos si nos hará bien o mal, probablemente nuestra salud sería muy distinta, ya que esa pregunta se fundamenta en el profundo amor que nos deberíamos tener.

  En Chile se publicó un excelente libro de Karolina Lama y Maliki 4 Ojos, que aborda esta temática de manera didáctica y con mucho humor: *Quiero ser flaca y feliz*. Ojalá que prontamente se publique en otros países.
- *Expresión emocional.* Éste es un tema al que Chopra le da gran importancia, en el mismo sentido que se lo he dado yo en este libro. Apela a expresar lo que

sentimos y a no bloquear las emociones para sentirnos livianos al final del día, habiéndole dicho a quien amamos que lo amamos, no teniendo rencores, pidiendo perdón y habiendo perdonado, pero, por sobre todo, habiendo reído y llorado mucho.

- *Dormir*. Curiosamente, en los talleres, todos decían que, sin duda, era importante dormir bien, y sin tanta estimulación como lo hacemos hoy, pero cuando hablábamos de los casos concretos, la gran mayoría reconocía que dormía menos de lo que debía y no tan bien como le gustaría. Éste no es un libro sobre biología, pero todos sabemos lo importante y reparador que es dormir bien y profundamente. Es sanador en sí mismo. Tiene un efecto como el del silencio. ¿Se acuerdan cuando uno pasaba por un centro de salud y afuera había una cruz roja que indicaba que era zona de silencio? ¿O lo que ocurría en las iglesias o dentro de los hospitales y casas cuando había un enfermo de cuidado? Se entendía que el silencio tenía un poder curativo y que con el solo hecho de exponer al enfermo a ese silencio, todo mejoraría más rápido.
- *Meditación*. Ésta es una práctica aún no muy popular en el mundo occidental, pero sin duda viene creciendo. La gente ni siquiera sabe mucho de

qué se trata. Si bien no es lo mismo que la oración, podría emparentarse con ella, en términos de que ambas son instancias espirituales que a través del silencio permiten aprender a "vaciar el cerebro" y "limpiarlo" para, desde ahí, seguir funcionando.

En mi propio proceso de crecimiento, estoy aprendiendo a meditar con unas técnicas que Chopra me enseñó y que uno puede encontrar en YouTube. Les puedo asegurar que es un trabajo muy difícil y que requiere de gran constancia, como todo lo importante de la vida, pero logra llevar la cabeza a un centro de plenitud y paz y que se acerca mucho a lo que entendemos por armonía.

- *Ejercicio*. Éste debe ser —junto con la comida— uno de los elementos más importantes en lo que al autocuidado se refiere. Cada vez hay más gente que se dedica a correr o que, cuando los medios se lo permiten, va a un gimnasio o participa en comunidades que estimulan la vida sana.

  En lo único que creo que hay reparar aquí es en la pregunta: ¿para qué se hace tanto deporte? La respuesta más común y tal vez la más rápida es porque nos hace sentir bien. Pero hay que admitir también que el peso de lo estético es tan fuerte que puede entrampar el verdadero sentido que debería tener el ejercicio, esto es: que nos mantiene conectados con el cuerpo y con la sensación de que, a través de él, nos acercamos al bienestar y a la expresión de las emociones. Lo estético debiera ser secundario, aunque no hay que negar que en el mundo en el que vivimos es un valor complementario a la salud que, por lo menos, hay que considerar.

Les puedo contar que en este proceso descubrí la zumba y, pese a todas mis inconsistencias, ha sido una herramienta positiva y fácil de llevar a cabo sola, en mi casa, para mantener activo mi metabolismo y sentir mi cuerpo a través del baile.

En esta parte de las responsabilidades personales, es importante mencionar que el autorrespeto y el respeto hacia el otro son fundamentales. Los ritmos, los pasos y las secuencias son propios de cada persona, al igual que los tiempos de cambio. Es equivalente a los procesos de duelo, que nadie puede evaluar si están bien o mal vividos, antes de que transcurra un año cronológico en el que se pase por el primer cumpleaños, la primera Navidad, el primer Año Nuevo, etcétera.

Estas responsabilidades personales requieren abrir la mente y el corazón, y mirar a la enfermedad, como alguna vez leí, no como algo malo, sino como un aviso de que te estás equivocando de camino.

Aquí me quiero detener para contarles con toda humildad cuál ha sido mi camino de sanación. Esto no pretende ser una fórmula para nadie, pero quiero compartirlo, por si a alguien le sirve tomarlo. Este camino que he forjado intenta incorporar a diario las responsabilidades personales de las que he estado hablando.

Después de suspender mi gira, reorganizar toda mi agenda y quedarme en reposo —como no podía ni moverme—, me quedé en silencio, escuché todas las preguntas que surgieron desde mi interior y me cuestioné cuál era la invitación que estaba recibiendo.

Primero, era una prueba de humildad: tenía que ser capaz de decir "no puedo", "no soy capaz", lo cual me resultaba muy difícil, dado que amo lo que hago. Además, tenía que aceptar que estaba siendo muy inconsecuente con mi mensaje de autocuidado y que, en el fondo, en este tema no había aprendido nada. Inconscientemente tenía puesta mi autoestima más en el logro y en el reconocimiento que en el cuidarme para estar bien y poder hacer mi trabajo.

Conectarme con mi vulnerabilidad fue el primer gran requisito para avanzar, y desde ahí fue posible mi encuentro con Silvia, esa doctora maravillosa de la que les hablé y que me enseñó a mirarme como un todo. No me pidió ningún examen, sólo me dio una pequeña dosis de un medicamento y me desafió a que todo el resto lo hiciera yo sola. Sentía que no podía ni quería meterme en el túnel de la medicina convencional, del cual seguramente me costaría mucho salir; además, hubiera sido muy inconsecuente con mis mensajes de las investigaciones anteriores. No me podía parar en una conferencia a decirles: "No me resultó, estoy aquí medicada ante ustedes". Por mucho que me costara, tenía que hacer ese viaje hacia mi interior, del cual tanto había leído y del cual hablaba con tanta soberbia en los estudios anteriores.

Gracias a la ayuda de unos amigos de la fundación Cáncer Vida, en este camino descubrí una teoría sobre las enfermedades que se explicaban por exceso de acidez en el cuerpo, ya que lo ácido consume el oxígeno, lo que hace que las células se enfermen. En un cuerpo alcalino o básico hay oxígeno y, por lo tanto, salud. Para que estemos sanos, el pH de la sangre debe estar en 7.3 o 7.4. No quiero aburrirlos con esta teoría que pueden buscar en internet, y que el doctor Google les explicará mucho mejor que yo; sólo quiero decirles que bajo este esquema teórico pude entender gran parte de los síntomas que me afectaban y concluí que una de las cosas que me podía ayudar era tomar todos los días en ayuno un vaso con jugo de limón, agua, bicarbonato de sodio y una vitamina C. Esto lo vengo haciendo desde hace más de un año y la sensación de cambio en mi cuerpo, en cuanto a mis defensas, incluso en la piel, ha sido sorprendente.

Además de esto, hice cambios en mi alimentación. Empecé a comer mucho pescado y todo tipo de proteínas, disminuyendo carbohidratos y aumentando ensaladas y verduras en general. Descubrí, además, que tomaba demasiada agua que no estaba eliminando de buena forma. Después de los cuarenta años, sobre todo en las mujeres, el metabolismo cambia mucho, y se vuelve más lento hasta para eliminar líquido. Al momento de escribir este libro, ya tengo cincuenta años, lo que me tiene feliz porque me costó mucho llegar hasta aquí y porque me parecía que cuarenta y nueve era un número como de liquidación.

Hace apenas cuatro meses he logrado dejar de consumir absolutamente —y espero que para siempre— azúcar refinada, y me he quedado sólo con lo que me dan las frutas que como por la mañana. Fue una decisión muy difícil de tomar, porque era muy dulcera, y agradezco a Karolina Lama la motivación que me dio para llevarla a cabo.

Todo esto me llevó de forma natural —y digo de forma natural, porque es increíble cómo, en el momento en que uno empieza a escuchar al cuerpo, se da cuenta innatamente de cuándo está traicionando los mensajes recibidos— y casi inconsciente a rechazar las bebidas gaseosas. Además, me empezaron a costar mucho el pollo y las carnes rojas. Las pastas y los arroces fueron desapareciendo de mi despensa y descubrí lo integral y cereales como la quinoa.

Cuando acababa de dejar el azúcar tuve una sensación horrible de querer asesinar a cualquiera que se me cruzara por enfrente, pero luego de setenta y dos horas tuve una agradable sensación de saciedad. Hoy me pasa algo maravilloso, y es que de verdad no necesito nada con grasa ni con azúcar; ya no sufro, me siento libre —en el entendido de que igual es un trabajo cotidiano de fuerza de voluntad para resistir la presión externa e interna.

Aprendí a manejar mis tiempos, a darme pequeños gustos y, aunque no tengo muchos de ellos, sí dejé atrás la culpa al respecto. En cambio, aprendo todos los días a conectarme con el presente, agradeciendo cada momento.

Pero no todo es tan maravilloso como parece. He sido muy inconsistente en el ejercicio y en el uso de la tecnología. Recuerdo que cuando descubrí la zumba (porque tenía que hacer ejercicio y acelerar el metabolismo como fuera), a pesar de los viajes al extranjero tuve mucha fuerza de voluntad y logré convertirla en un hábito del cual me sentía orgullosa. Sin embargo, pasado un tiempo, empecé a interrumpirlo y hoy me veo enfrentada a tener que desarrollar la capacidad de retomar esos cuarenta y cinco minutos diarios de baile que tan bien me hacían.

Es tan curioso lo débiles que somos los seres humanos. En mi caso, teniendo muy claro todo el bien que me hace la zumba, he sido incapaz de incorporarla en mi rutina de forma estable. Lo mismo me ha pasado con la meditación y con la regulación del uso del teléfono en los tiempos familiares. Evidentemente, uno no termina nunca de sanarse y siempre va encontrando obstáculos en el camino.

La salud es un problema complejo que involucra muchos aspectos del ser humano: su historia, su genética, su forma de ver el mundo y de relacionarse con él. Además, incluye procesos de autoestima y autocuidado y todos los aprendizajes emocionales que hemos tenido a lo largo de nuestra vida. La salud incluye la forma de entender los problemas —como dicen los orientales— como oportunidades de crecimiento.

Recuerdo con mucha risa lo que me costó aprender a decir "Ho'oponopono" que es un antiguo método de sanación basado en cuatro principios fundamentales que permiten trabajar las memorias dolorosas y poder decir desde el alma: lo siento, te amo, perdóname, gracias. Me costaba tanto pronunciarlo que creo que me hizo bien sólo porque me hacía reír. Las cuatro prácticas son maravillosas y funcionan como todo si uno es constante.

Como ven, no doy lecciones de nada: soy parte del estudio y del camino de tantos que intentan, una y otra vez, hacer las cosas lo mejor posible, independientemente de los errores que cometemos todos los días. Quizá concluido este parto literario pueda desarrollar la consistencia y la voluntad que necesito para incorporar para siempre los momentos de silencio y el ejercicio dentro de mi vida.

La medicina convencional ayuda a encontrar algunas causas dentro del cuerpo, y el fin de ciertos medicamentos es reestructurar los neurotransmisores para poder nivelar los sistemas cognitivos y volver a empezar. Pero toda esta ayuda no sirve de nada si no hay cambios en nuestro estilo de vida. No basta una dieta para adelgazar: hay que cambiar los hábitos alimenticios. Con las enfermedades pasa lo mismo. Si algo aprendí, de todos los testimonios recogidos, es que casi todo sirve de algo, siempre y cuando uno sea constante y perseverante.

Quizás en este punto esté nuestra mayor debilidad como sociedad, y es que somos poco rigurosos a la hora de desarrollar fuerza de voluntad. Todo apunta a que nos facilitemos la vida y a que compremos lo último que salió para adelgazar, para concentrarse, etcétera. Esto es lo que hemos venido haciendo por años.

Volver a complicarse la vida parece clave para tener éxito. En cambio, lograr un autocuidado desde las emociones y la voluntad, en mi humilde opinión, es el gran concepto que deberíamos inculcar en educación y en salud en estos tiempos convulsionados.

Con todo lo que hemos explicado, pareciera que si nos tomamos el tiempo para escuchar a nuestro cuerpo, si expresamos nuestras emociones y nos cuidamos, no nos vamos a enfermar nunca y seremos inmortales. Evidentemente esto no es así; en algún momento y dada nuestra historia y aprendizajes emocionales, incluso los heredados de nuestros antepasados, nuestro sistema puede colapsar y, por lo tanto, llegará la enfermedad igual que la muerte. Pero, incluso en estos casos, el espacio de elección, aunque mínimo, nos llevará a vivir estos procesos de maneras muy distintas y con un sentido que terminará por enriquecer no sólo la propia vida sino la de nuestros seres cercanos.

La medicina complementaria llegó para quedarse y acompañar a las personas en esta nueva forma de mirar la salud, desde las causas y no sólo desde los síntomas; desde la historia y las energías — no sólo desde el cuerpo físico. La diferencia entre la medicina complementaria y la alternativa es que la primera plantea complementar la medicina convencional con otros tratamientos, mientras que la segunda es la sustitución de una por otra.

Entre los tratamientos complementarios a los que podemos recurrir están la homeopatía, la naturotopía, la medicina china y el ayurveda. Además, están las terapias biológicas, como la de los suplementos dietéticos y el estudio de las hierbas; las basadas en el cuerpo, como la quiropraxia, la osteopatía y los masajes, entre otras. Hay tratamientos que se basan en la energía —como el tai chi, el reiki y los campos magnéticos—, los sensoriales —como la aromaterapia, la musicoterapia, la reflexología, la acupuntura, el yoga, etcétera. Las opciones son muchas y muy variadas, y las prácticas que se derivan de ellas, más aún. Lo importante es mostrar diferentes caminos, opciones para que quienquiera busque, pregunte y se informe, porque como en todo en la vida, hay gente muy seria y otra no tanto.

El ministerio de salud de cada país tiene un registro de las áreas de la medicina complementaria que permite y las que tienen restricciones. Es importante informarnos al respecto para que la desesperación por una solución mágica no nos lleve a caer en cualquier alternativa con la palabra "tratamiento". Cuando uno sale a buscar algo con "hambre" —léase: miedo— corre el riesgo de equivocarse mucho.

Es parte de las responsabilidades personales entender que las enfermedades nos dejan escuchar y descifrar los mensajes del cuerpo, y además permiten hacer cambios en la vida para lograr un mayor bienestar. Esto se logra porque, cuando las enfermedades son vistas como oportunidades, podemos reordenar nuestras prioridades y conectarnos con el presente. Al desarrollar una conciencia de la fragilidad y de la muerte, uno aprende a disfrutar de la vida.

Hay que informarle al cuerpo que despertamos, hay

que pedirle que nos dé cuenta de nuestras sensaciones y emociones. Hay que darle espacio para que mire hacia el cielo y no sólo hacia la tierra como hacemos hoy.

Hay mucho de autodestructivo en nuestro trato al cuerpo y que no habla nada bien de nuestra capacidad de querernos. Le damos comida que le hace daño, que lo llena de grasa y que nos genera muchas enfermedades. No le damos suficiente tiempo para descansar y no hacemos que se ponga contento, generando endorfinas. Lo medicamos sin informarnos y no lo mimamos para que se vea lo más bonito posible, además de que le decimos constantemente cosas negativas.

El cuerpo necesita tiempo para descansar, para divertirse, para estar en silencio, para dormir, para comer, para andar a su ritmo, y así nos podrá informar de lo que nos pasa y de lo que tenemos que hacer para tener mejor salud y mejor calidad de vida. Hay que hacer que nuestro cuerpo agradezca cómo lo tratamos. Si nos queremos de verdad y tenemos plena conciencia de que es nuestro único vehículo real en la vida, lo cuidaremos y sólo haremos cosas que lo hagan sentirse pleno, sano, liviano.

Así como hay responsabilidades personales en el cuidado del cuerpo, también hay responsabilidades estatales. A mí me parece justo y necesario que el Estado se haga cargo de mejorar nuestra deficiente salud pública y mejore los establecimientos y el acceso aespecialistas, sobre todo para la gente de menos recursos.

No obstante, además de estas necesidades que son un poco obvias, hay un frente fundamental que atacar en lo que a la salud respecta: se trata de la educación. Es tarea de todos entrenar tanto a los niños como a los adultos, incluso a los profesionales para que aprendan a mirar las emociones y desde ahí obtengan la información que entrega el cuerpo. Además, implica poder abrir los sistemas de salud a todas las opciones alternativas y complementarias para que cada ciudadano elija conscientemente, y muy informado, las formas en que quiere tratarse alguna enfermedad, desde lo corporal hasta lo emocional y, por qué no decirlo, también desde lo espiritual.

Es fundamental enseñar en los colegios los códigos emocionales para que, desde niños, las personas podamos tener herramientas de autoconocimiento, así como contar con una guía de padres y tutores entrenados en el mismo aprendizaje. De esta manera, seguro que los costos en la salud pública disminuirían notablemente y tendríamos pueblos más responsables y conscientes de sí mismos.

Un punto aparte merece el entrenamiento de las mal llamadas habilidades blandas como la empatía, la tolerancia a la frustración, y la expresión y resolución de conflictos, habilidades que forman líderes y personas que conducirán, en lo técnico y en lo profesional, nuestros países en el futuro. Si bien, esto corresponde ser enseñado en la casa, los colegios y las universidades tienen mucho que aportar en su estímulo y desarrollo. Aquí, el entrenamiento en las preguntas, en la búsqueda de mundos internos, en las vocaciones resulta fundamental para formar personas más sanas y, sobre todo, más libres para escoger.

Necesitamos volver al valor de los ritos como puntos de cambio del desarrollo social, para que, desde lo colectivo, volvamos a confiar. Es impresionante cómo la gente menciona la necesidad de sentirse tribu o nación, y no sólo país. Esto, desde el punto de vista educativo, es fundamental y requiere ser tomado también desde lo familiar y lo institucional. Es pertinente que los colegios trabajen en cooperación con los profesores y no en competencia con ellos, como sucede en la mayoría de nuestros países; que se hable de la salud física, mental y espiritual en las escuelas para que empecemos a tener una visión integrada del ser humano y no tan parcializada como ahora.

Necesitamos una educación que enseñe, que motive y valore la expresión de las emociones, desde que somos muy pequeños, y que vaya tejiendo una red social en la que todos veamos al ser humano como un ente complejo, diverso y maravilloso que pueda participar en cualquier instancia, sin discriminación. Una educación que vuelva a hablar del amor —y no sólo de contenidos cognitivos— y que no se sienta ridícula por hacerlo.

Quizás, incorporando estos factores, podamos dar luces de una salud que mire la educación como su mayor fuente de aprendizaje, y desde ahí podrán generarse las miradas para cuidarnos desde un punto de vista integral y más orientado al bienestar del ser humano, y no sólo a la detección de síntomas. Prevenir consiste en educar y cambiar la mirada que hoy existe del cuerpo y de las enfermedades que nos aquejan.

La medicina, por su parte, tiene la obligación de generar especialistas que vayan más allá de la técnica; que, sí, utilicen ésta como herramienta, pero sin descuidar una entrevista integral y cálida, de la que se obtenga información que una resonancia magnética no puede entregar. Necesitamos una medicina que, si bien ya está especializada, debe volver a ver al ser humano en su conjunto.

Se requiere una medicina que dé un buen servicio en lo público y en lo privado, y que no transmita esa sensación —cada vez más extendida— de que es un negocio donde el interés por el ser humano y sus derechos ya no existe. Queremos ver a profesionales de la salud que aman lo que hacen y que ese amor se note en la forma de relacionarse con su equipo y con los enfermos.

Se requiere, sin duda, de un Estado que regule, vigile y premie, cuando se hagan las cosas bien, o castigue, cuando se hagan mal, todo ello en beneficio de la salud de su gente. Un Estado que ofrezca todo lo necesario para proteger y resguardar la libertad de los seres humanos en la elección de la mejor forma de cuidar su salud antes, durante y después de la enfermedad.

En un pueblo indígena de Panamá, Ismael Cala preguntó qué era el desarrollo y sus habitantes le contestaron: "Todo lo que nos enriquezca, pero no nos dañe espiritualmente". Un ejemplo de ello fue que unos norteamericanos, generosamente, regalaron bicicletas para el pueblo. Entonces, el consejo de viejos sabios les dijo que las calles del pueblo eran muy estrechas y que los ancianos que caminaban por ahí podrían sufrir accidentes con las bicicletas, así que, si bien les ayudaba en el progreso, iba en contra de las necesidades y el respeto de todos los ciudadanos. Ésta es una visión que permite entender que no porque algo sea moderno, hay que aceptarlo, sin antes analizar la naturaleza del pueblo y su bienestar afectivo y espiritual —que nada tiene que ver con lo religioso.

Escribiendo esta última parte, no puedo dejar de pensar que estoy pidiendo un sueño imposible. La verdad es que estos cambios requieren diferentes políticas, recursos y miradas, como en tantos otros temas de orden social que hoy nos aquejan y hacen sufrir a nuestros países. Sin embargo, la investigación muestra que hay que caminar hacia allá, y yo cumplo con ponerlo sobre la mesa.

También es fundamental aclarar que el gran cambio debiera venir de nosotros para que, desde ahí, modifiquemos nuestra forma de ver la salud. La mejor forma de evolucionar es transformándose uno mismo, y si yo cambio, lo hacen por lo menos dos más conmigo. Personalmente, creo más en esas modificaciones que en los grandes cambios de sistema que tienen que movilizar pesadas estructuras políticas y económicas que pocas ganas tienen de ser alteradas.

Así como Galeno dijo que valía más prevenir que curar, creo que la invitación que hace este estudio, a ver la salud desde las emociones, es una buena forma de ir cambiando miradas y previniendo enfermedades que persisten por la forma que tenemos de verlas, y porque seguramente hay sistemas a los cuales les conviene que así sea.

CONCLUSIONES

El alta

Siguiendo la lógica del libro, esta parte final debía llamarse "El alta", pero, llegados a este punto, puedo decirles que la verdadera alta no existe. Si bien uno pudo haber hecho toda su tarea, la vida siempre nos regalará un desafío que nos invite a transformarnos.

Hoy en día, el mundo está como está —como lo he descrito en este libro—, y ni siquiera podemos imaginar cuántos cambios más nos quedan por enfrentar. Entonces, la clave es preguntarnos cómo hacemos para aprovechar todas las oportunidades y no engancharnos con lo tóxico que nos ofrece el día a día. Ese ejercicio de voluntad, conciencia y perseverancia no es nada fácil, pero cuando he visto gente que lo hace, sin duda, su calidad de vida es mucho mejor.

Tenemos que mirar nuestros tres cuerpos: el físico, el emocional y el espiritual —si alguno cree en los ángeles y en los arcángeles tendrá que invocar a san Rafael, que es el médico—, ya que estamos desconectados de la capacidad que ellos tienen de informarnos de lo que nos está pasando. Vivimos en un ritmo muy rápido y con poca o nula conciencia de nosotros mismos. Las emociones están poco permitidas, quizá porque seguimos pensando, como las antiguas escuelas de administración, que éstas disminuyen la productividad, y que los problemas del trabajo se dejan fuera de casa, y los de casa fuera del trabajo. Todavía nos cuesta vernos como unidad y tratarnos con honestidad y cariño.

La vida muchas veces nos va a sacudir el piso por el que caminamos. Nos tocará enfrentar crisis, muertes, separaciones y tantas otras cosas que nos llevarán a entender que el espacio de control de nuestras historias es muy pequeño. Los hijos se irán de casa, envejeceremos, si la vida nos regala ese privilegio, tendremos cambios hormonales y productivos que harán que nuestras vidas se vuelvan inestables y poco predecibles.

Si analizamos todo lo que acabo de escribir, podemos sentirnos abrumados y con poco espacio para cambiar esas realidades. Es aquí donde este libro hace una aportación, invitándonos a ver todo lo descrito como una oportunidad, dándole espacio a la libertad para elegir la actitud con la que queremos vivir cada una de estas cosas, ya que eso siempre estará en nuestras manos.

Digamos todos los días qué cosas nos hacen reír, llorar o sentirnos tristes; digamos qué nos da rabia y qué nos da miedo. Eduquemos a nuestros niños en el desarrollo de las emociones y a escuchar lo que pasa en su interior; no eduquemos centrándonos en lo externo. Si hasta los regalos se entregan en forma tecnológica y las muestras de afecto son cada vez menores, regresemos a los ritos y a saciar esa necesidad enorme que manifiesta la gente de volver a confiar en el otro.

Creo firmemente en que somos seres espirituales que viven experiencias humanas, y no al revés. Por lo tanto, preguntarnos cómo estamos en esa área resulta fundamental para cuidar nuestra salud. Busquemos la posibilidad de expresar que amamos lo que hacemos, y trabajemos a diario por hacer lo que amamos, a riesgo de enfermarnos de pasión; de preferencia sin negar nuestras vulnerabilidades. Frente a cualquier alteración de nuestro cuerpo, preguntémonos, aunque sea un minuto, para qué está ocurriendo y qué invitación nos está haciendo a viajar a nuestro mundo emocional y revisar nuestra historia.

Esta investigación pretende mostrar un nuevo —o no tanto: son pocas las cosas que realmente lo son— enfoque de la salud que parta por preguntarse por qué me pasa lo que me pasa y qué tengo que aprender con esta invitación que me hace la enfermedad. Evidentemente, nadie quiere enfermarse, pero si nos toca, intentemos enfrentarnos a ella como una invitación hacia el crecimiento personal y a romper barreras emocionales, aprendidas probablemente desde antes de nacer, más que como una serie de síntomas sin conexión con nuestra historia y nuestras emociones.

Se ha dicho que "la vida es una enfermedad terminal". Si tuviéramos conciencia diaria de esto, de seguro seríamos mejores personas y disfrutaríamos del presente como el único regalo que tenemos. Si pensáramos en la finitud de la vida, estoy segura de que estaríamos más conectados con nosotros mismos y con los otros, y podríamos construir redes sociales reales —y no virtuales— mucho más colaborativas que las actuales.

Ésta es otra paradoja de la vida: más o menos ochenta por ciento de los hispanoamericanos dice creer en algo después de esta vida, pero es tan grande nuestra pobreza espiritual que ni siquiera hablamos de la muerte, porque estúpidamente sentimos que la vamos a convocar. Ahí también se fundamenta el problema que tenemos con la donación de órganos. Es probable, dada nuestra incongruencia espiritual, que en nuestro inconsciente pensemos que a lo mejor "del otro lado" necesitaremos nuestros órganos. Esto fue probado en la última investigación que hice y que se vio volcada en mi libro *No quiero envejecer*.

Difícilmente podremos hablar del cuerpo y de lo que nos genera si no hacemos el esfuerzo de mirar nuestra naturaleza emocional como productora de muchas de las cosas que le pasan a esta máquina, que es tan maravillosa y perfecta, pero que nuestras historias terminan dañando desde nuestra absoluta imperfección. En este sentido, hay que trabajar por salir del estado de comodidad y buscar espacios de riesgo que nos hagan crecer y desarrollarnos a la altura de los tiempos —en los que las cosas ya no se entienden sólo desde la ciencia—, y donde cada vez son más extendidas otras formas de conocimiento.

Tenemos que hacernos cargo de nuestros cuerpos y de las nuevas formas de entender la salud. Como dice la frase: "La ignorancia justifica, el saber condena"; si sabemos cómo cuidarnos, lo que nos hace bien y lo que nos hace mal, y seguimos haciendo esto último, tendremos que hacernos cargo de las consecuencias.

Generalmente, en mis libros no me uso como "caso" de investigación, pero me di cuenta de que fue tal la ceguera e incapacidad de darme cuenta de lo que estaba pasando que sentí que tenía que contarlo. Mi mayor sorpresa fue que al hacerlo generaba en unas cuantas personas, primero, y en cientos, después, una resonancia, ya que les estaba pasando lo mismo.

Siempre he dicho que ni mis investigaciones ni mis libros ni mis conferencias le pueden cambiar la vida a nadie; sería pretencioso pensar así. Pero sí anhelo que tantos años de peregrinaje —que, además, me financio yo, porque no puedo tener patrocinadores, ya que perdería libertad para hablar de lo que observo—, por lo menos sirvan de disparadores para cualquier cosa que quieran revisar. Pueden tomar o dejar lo que tengan ganas, pero si hay algo que pueda hacerles un clic, este libro y todo su trabajo tienen sentido.

No soy sabia ni iluminada, ni tengo ninguna condición especial; por eso encontré, desde mi pequeñez, que mis caminatas por el mundo hispanoamericano, observando, preguntando y escuchando, podían ser la forma de dejar una huella en esta tierra. Este libro comienza desde una inconsecuencia mía, ya que en varias de las otras ocho investigaciones anteriores hablaba del autocuidado, y yo misma no supe hacerlo. Me enfermé y no me di cuenta de cómo llegué a ese lugar. Presté "oídos sordos" a mi cuerpo, me falté el respeto al no cuidarme y no verme, y se me reveló el hecho de que, por mucho tiempo, estuve centrada en el afuera y no en mi mundo interior. En cualquier caso, ésta ha sido una maravillosa oportunidad para reírme de mí misma, de mi apellido y de abrir la puerta para hacerme un sinfín de preguntas. Sin duda, y al igual que todos los dolores de mi vida, esta enfermedad, vista en la perspectiva del tiempo y de los aprendizajes, al final fue un regalo.

Esta investigación está al servicio de quien la quiera, de quien esté pasando por algo similar y tenga ganas de vivir la salud desde otro lugar. Están las causas, los síntomas, el tratamiento y el alta, que muchas veces esperamos sin haber experimentado el proceso entero. Yo no estoy dada de alta: sigo caminando, aprendiendo todos los días a respetarme, a escuchar mis tiempos y mis emociones, y a estar alerta a lo que mi cuerpo dice y me invita a hacer.

Ojalá estas líneas y el camino de muchos de los que participaron en la investigación sean una pequeña luz en los senderos de quienes leen este libro, lo cual agradezco, de corazón y con humildad. No sé si habrá otra investigación, pero es seguro que en algún camino nos encontraremos.

AGRADECIMIENTOS

Agradecer es un acto maravilloso y una de las condiciones que la investigación sobre la felicidad —expuesta en *Bienvenido dolor*— concluye que hay que ejercitar para poder tomar la decisión de ser feliz.

En ese acto consciente quiero agradecer a Dios por la posibilidad y el privilegio de seguir investigando y compartiendo mis caminatas.

A mis padres, a quienes he dedicado este libro, por el camino que han tenido que hacer. Espero que, en lo íntimo, hayan aprendido que fueron llamados a agradecer la vida que han conseguido y a cambiar con las invitaciones dolorosas que han recibido.

A mi marido maravilloso, paciente, protector y silencioso, y a mis hijos Nicole y Cristián, por entender las ausencias de su madre "loca" y peregrina. Gracias por el amor de siempre y por el testimonio de sus propias vidas, del cual aprendo todos los días. Por lo menos con mis errores les dejaré la prueba de que la reinvención permanente es posible, desde la pasión y el amor por lo que se hace. A Shantal, la hija menor de Juan, quien estuvo dispuesta a ayudar en todo, desde las conversaciones hasta lo tecnológico. A todo el resto de la familia de Juan y a mi familia, que han soportado las ausencias, debido al esfuerzo que implica escribir un libro.

A mis amigos y amigas que han compartido este camino y que saben quiénes son. Mención especial merece esta vez mi grupo La Cofradía. A cada una de mis hermanas —presente y ausente—, que me enseñan lo compleja que es la vida. Gracias, Maribel, por tu dulzura y compañía.

A mis hermanas de la vida: Claudia Bloise, Marisa Mondino, Jessica Titelman y Afife Docmac, quienes han leído, corregido y estimulado este proyecto. A quienes han aparecido este año como un regalo en el camino: Francisca, gracias por la genialidad de tu arte y tu confianza; Eugenia y Maju, que, desde el otro lado de la cordillera, ayudan, hacen reír y acompañan.

Pablo, socio y amigo, gracias por siempre guiar mi vida profesional y personal con tanta sabiduría. Eres uno de los regalos más lindos de mi vida.

Gracias, Joche, por leer, revisar y comentar este texto con tanta generosidad. Adriana, gracias por acompañarme tanto y en tantos caminos con una incondicionalidad difícil de encontrar. Josefina, gracias por mostrarme dentro de tu camino de salud muchas de las cosas que se viven en estas líneas.

Gracias a mi editorial, a Willie y a mi maravillosa editora, ya que sin ellos esto no sería posible.

Gracias a mis médicos, especialmente a Silvia Kauak, esa doctora sabia que me vio como ser humano completo; a Ricardo Tuane, por su cariño permanente. Gracias por el cariño e incondicionalidad a terapeutas en reiki (gracias, Vero querida, por romper muros en mi corazón); a Pedro Engel, por su sabiduría y compañía en toda esta aventura.

Gracias a mi fundación Cáncer Vida y a todos los que trabajan, día a día, por el cáncer de muchos. Gracias, Francisco, por ayudarme en mi camino de sanación con toda tu sabiduría y conocimiento.

A mis amigos queridos, tantos que seguro olvidaré a muchos. Gracias a Sarika, Sergio, Maca, Denisse, Diana, amigas de mi colegio de primaria de Temuco, a Gonzalo y tantos otros que me mimaron, entendieron y aportaron siempre. A mis nanas del sur, Doris y Carmen, por el cuidado permanente.

Gracias a la vida, al misterio que significa estar escribiendo esto justo el mes que cumplo cincuenta años y que estoy feliz de celebrar con el fin de esta tarea.

Amo vivir y estar siempre descubriendo qué significa decir eso.

Esta obra se imprimió y encuadernó
en el mes de abril de 2016,
en los talleres de Edamsa Impresiones, S.A. de C.V.,
que se localizan en la calle de Av. Hidalgo (antes Catarroja) 111,
Fracc. San Nicolás Tolentino, México, D.F.